中华人民共和国行业标准

# 公路隧道抗震设计规范

Specifications for Seismic Design of Highway Tunnels

JTG 2232—2019

主编单位：招商局重庆交通科研设计院有限公司
批准部门：中华人民共和国交通运输部
实施日期：2020 年 03 月 01 日

人民交通出版社股份有限公司
北 京

## 律师声明

本书所有文字、数据、图像、版式设计、插图等均受中华人民共和国宪法和著作权法保护。未经人民交通出版社股份有限公司同意，任何单位、组织、个人不得以任何方式对本作品进行全部或局部的复制、转载、出版或变相出版。

任何侵犯本书权益的行为，人民交通出版社股份有限公司将依法追究其法律责任。

有奖举报电话：(010) 85285150

北京市星河律师事务所
2017 年 10 月 31 日

**图书在版编目（CIP）数据**

公路隧道抗震设计规范：JTG 2232—2019／招商局重庆交通科研设计院有限公司主编. — 北京：人民交通出版社股份有限公司，2020.1

ISBN 978-7-114-16131-5

Ⅰ.①公… Ⅱ.①招… Ⅲ.①公路隧道—防震设计—技术规范 Ⅳ.①U459.2-65

中国版本图书馆 CIP 数据核字（2019）第 290623 号

**标准类型：**中华人民共和国行业标准
**标准名称：公路隧道抗震设计规范**
**标准编号：**JTG 2232—2019
**主编单位：**招商局重庆交通科研设计院有限公司
**责任编辑：**丁　遥
**责任校对：**赵媛媛
**责任印制：**张　凯
**出版发行：**人民交通出版社股份有限公司
**地　　址：**(100011) 北京市朝阳区安定门外外馆斜街 3 号
**网　　址：**http://www.ccpress.com.cn
**销售电话：**(010) 59757973
**总 经 销：**人民交通出版社股份有限公司发行部
**经　　销：**各地新华书店
**印　　刷：**北京市密东印刷有限公司
**开　　本：**880×1230　1/16
**印　　张：**7.25
**字　　数：**147 千
**版　　次：**2020 年 1 月　第 1 版
**印　　次：**2020 年 1 月　第 1 次印刷
**书　　号：**ISBN 978-7-114-16131-5
**定　　价：**60.00 元

(有印刷、装订质量问题的图书，由本公司负责调换)

# 中华人民共和国交通运输部

# 公 告

第 88 号

## 交通运输部关于发布
## 《公路隧道抗震设计规范》的公告

现发布《公路隧道抗震设计规范》(JTG 2232—2019)，作为公路工程行业标准，自 2020 年 3 月 1 日起施行。

《公路隧道抗震设计规范》(JTG 2232—2019) 的管理权和解释权归交通运输部，日常管理和解释工作由主编单位招商局重庆交通科研设计院有限公司负责。

请各有关单位注意在实践中总结经验，及时将发现的问题和修改建议函告招商局重庆交通科研设计院有限公司（地址：重庆市南岸区学府大道33 号，邮编：400067）。

特此公告。

中华人民共和国交通运输部
2019 年 11 月 26 日

---

交通运输部办公厅　　　　　　　　　　　　　　　　2019 年 11 月 27 日印发

# 前　言

根据《交通运输部办公厅关于下达2012年度公路工程标准制修订项目计划的通知》（厅公路字〔2012〕184号）的要求，由招商局重庆交通科研设计院有限公司作为主编单位，承担《公路隧道抗震设计规范》（JTG 2232—2019）的制定工作。

本规范包括13章和3个附录，分别是：1 总则，2 术语和符号，3 基本要求，4 隧址、场地和地基，5 地震作用，6 计算方法，7 材料及参数，8 抗震验算，9 钻爆隧道，10 盾构隧道，11 沉管隧道，12 明挖隧道，13 隧道洞门，附录A 静力法，附录B 反应位移法，附录C 时程分析法。

本规范的主要内容如下：

(1) 确定了公路隧道抗震设计规范的适用条件和范围。

(2) 制定了公路隧道抗震设防类别、抗震设防标准和设防目标，采用了两水准设防、两阶段设计、强度和变形双重指标控制的三类抗震设计方法。

(3) 细化了公路隧道隧址选择，补充了隧道围岩条件与隧道抗震地段类别的关系。

(4) 给出了各类场地的水平向设计地震动峰值加速度、反应谱特征周期、地震动峰值位移、竖向设计地震动峰值加速度，以及设计地震动时程设计方法。

(5) 给出了适用于公路隧道抗震计算的三种方法：修正静力法、反应位移法、时程分析法。

(6) 明确了抗震结构对材料选用和性能的要求：主要建筑材料、岩土材料的物理力学性能参数取值方法。

(7) 建立了以强度和变形双重指标控制的抗震验算方法。

(8) 细化了钻爆隧道、盾构隧道、沉管隧道、明挖隧道及隧道洞门的抗震设计内容，主要包括抗震计算和抗震措施等。

请各有关单位在执行过程中，将发现的问题与意见，函告本规范日常管理组，联系人：方林（地址：重庆市南岸区学府大道33号，邮编：400067；电话：023-62653050，传真：023-62653128；邮箱：fanglin@cmhk.com），以便下次修订时研用。

主 编 单 位：招商局重庆交通科研设计院有限公司
参 编 单 位：中国地震局地球物理研究所
　　　　　　四川省交通运输厅公路规划勘察设计研究院
　　　　　　西南交通大学
　　　　　　中交公路规划设计院有限公司

同济大学
重庆交通大学

主　　　　编：蒋树屏
主要参编人员：林　志　李玉文　何　川　吴梦军　唐光武
　　　　　　　刘洪洲　方　林　高　峰　马险峰　耿　萍
　　　　　　　吴　健

主　　　　审：郭小红
参与审查人员：王华牢　袁大军　李伟平　陶夏新　郭　讯
　　　　　　　韩常领　鲍卫刚　李天斌　袁　勇　陈　鸿
　　　　　　　喻　渝　陈树汪
参　加　人　员：高世军　朱长安　张　景

# 目　次

1 总则 ········································································· 1
2 术语和符号 ································································ 2
　2.1 术语 ···································································· 2
　2.2 符号 ···································································· 3
3 基本要求 ···································································· 5
　3.1 抗震设防分类和设防标准 ········································ 5
　3.2 地震作用 ······························································ 6
　3.3 抗震设计流程 ······················································· 7
4 隧址、场地和地基 ······················································· 9
　4.1 一般规定 ······························································ 9
　4.2 隧址与场地 ·························································· 9
　4.3 地基 ···································································· 12
　4.4 地基液化和软土地基 ············································· 12
5 地震作用 ···································································· 17
　5.1 一般规定 ······························································ 17
　5.2 水平向地震作用 ···················································· 17
　5.3 竖向地震作用 ······················································· 19
　5.4 设计地震动时程 ···················································· 19
6 计算方法 ···································································· 21
　6.1 一般规定 ······························································ 21
　6.2 计算要求 ······························································ 21
7 材料及参数 ································································ 23
　7.1 一般规定 ······························································ 23
　7.2 材料选用 ······························································ 23
　7.3 材料性能 ······························································ 25
　7.4 材料物理力学参数 ················································ 25
8 抗震验算 ···································································· 27
　8.1 一般规定 ······························································ 27
　8.2 强度验算 ······························································ 27
　8.3 变形验算 ······························································ 29
　8.4 洞门墙及挡墙抗震验算 ·········································· 30

— 1 —

  8.5 抗浮稳定性验算 ............................................... 31

# 9 钻爆隧道 ............................................... 32
  9.1 一般规定 ............................................... 32
  9.2 地震反应计算 ............................................... 32
  9.3 抗震验算 ............................................... 33
  9.4 衬砌抗震措施 ............................................... 33
  9.5 特殊结构隧道抗震设计 ............................................... 35

# 10 盾构隧道 ............................................... 37
  10.1 一般规定 ............................................... 37
  10.2 地震反应计算 ............................................... 37
  10.3 抗震验算 ............................................... 38
  10.4 抗震措施 ............................................... 38

# 11 沉管隧道 ............................................... 40
  11.1 一般规定 ............................................... 40
  11.2 地震反应计算 ............................................... 40
  11.3 抗震验算 ............................................... 41
  11.4 抗震措施 ............................................... 43

# 12 明挖隧道 ............................................... 44
  12.1 一般规定 ............................................... 44
  12.2 地震反应计算 ............................................... 44
  12.3 抗震验算 ............................................... 45
  12.4 抗震措施 ............................................... 45

# 13 隧道洞门 ............................................... 48
  13.1 一般规定 ............................................... 48
  13.2 地震反应计算及验算 ............................................... 48
  13.3 抗震措施 ............................................... 48

**附录A 静力法** ............................................... 50

**附录B 反应位移法** ............................................... 56

**附录C 时程分析法** ............................................... 63

**本规范用词用语说明** ............................................... 65

**附件 《公路隧道抗震设计规范》(JTG 2232—2019)条文说明** ............................................... 67
  1 总则 ............................................... 69
  3 基本要求 ............................................... 70
  4 隧址、场地和地基 ............................................... 72
  5 地震作用 ............................................... 77
  6 计算方法 ............................................... 80

| | |
|---|---|
| 7 材料及参数 | 82 |
| 8 抗震验算 | 84 |
| 9 钻爆隧道 | 86 |
| 10 盾构隧道 | 89 |
| 11 沉管隧道 | 95 |
| 12 明挖隧道 | 101 |
| 13 隧道洞门 | 104 |

# 1 总则

**1.0.1** 为规范公路隧道抗震设计，减轻公路隧道的地震破坏，更好地发挥公路交通网的功能及其在抗震救灾中的作用，制定本规范。

**1.0.2** 本规范适用于各等级和各类型公路隧道的抗震设计。

**1.0.3** 应根据公路隧道的重要性和修复(抢通)难易程度，划分抗震设防类别，并确定相应的抗震设防标准和设防目标。

**1.0.4** 已进行专门的工程场地地震安全性评价的公路隧道，应按经审定的报告所确定的地震动参数和抗震设防烈度进行抗震设防；没有进行工程场地地震安全性评价的公路隧道，应根据现行《中国地震动参数区划图》(GB 18306)规定的地震动参数进行抗震设防。

**1.0.5** 抗震设防烈度大于Ⅸ度地区或有特殊要求的隧道，其抗震设计应作专门研究，并按有关规定执行。

**1.0.6** 公路隧道抗震设计除应符合本规范的规定外，尚应符合国家和行业现行有关标准的规定。

# 2 术语和符号

## 2.1 术语

**2.1.1** 地震动 seismic ground motion
地震引起的地表及近地表介质的振动。

**2.1.2** 地震动参数 seismic ground motion parameters
表征抗震设防要求的地震动物理参数，包括地震动峰值加速度、速度、位移和反应谱特征周期等。

**2.1.3** 地震动参数区划 seismic ground motion parameter zonation
以地震动参数为指标，将国土划分为不同抗震设防要求的区域。

**2.1.4** 抗震设防标准 seismic fortification criterion
衡量抗震设防要求的尺度，由抗震设防烈度或设计地震动参数、公路隧道抗震设防类别及性能要求确定。

**2.1.5** 地震作用 earthquake action
地震对工程结构产生的作用，主要是地震动的影响，包括水平地震作用和竖向地震作用。

**2.1.6** E1 地震作用 earthquake action E1
工程场地重现期较短的地震作用，对应于第一级设防水准。

**2.1.7** E2 地震作用 earthquake action E2
工程场地重现期较长的地震作用，对应于第二级设防水准。

**2.1.8** 基本地震动参数 basic ground motion parameters
重现期 475 年的地震动参数的取值。

**2.1.9** 抗震措施 seismic measures

地震作用计算和抗力计算以外的抗震设计内容，包括抗震构造措施。

**2.1.10　发震断层　seismogenic fault**

曾发生或可能发生破坏性地震的断层。

**2.1.11　活动断层　active fault**

晚第四纪以来有活动的断层。

## 2.2　符号

$C_i$——隧道抗震重要性系数；

$A$——Ⅱ类场地地表水平向基本地震动峰值加速度；

$v_{se}$——土层平均剪切波速；

$f_{aE}$——调整后的地基承载力；

$\zeta_a$——地基抗震承载力调整系数；

$f_a$——修正后的地基承载力特征值；

$C_e$——土层液化影响折减系数；

$A_h$——地表水平向设计地震动峰值加速度；

$C_s$——场地地震动峰值加速度调整系数；

$A_{hⅡ}$——Ⅱ类场地地表水平向设计地震动峰值加速度；

$A$——Ⅱ类场地地表水平向基本地震动峰值加速度；

$F_u$——场地地震动峰值位移调整系数；

$u_{maxⅡ}$——Ⅱ类场地地表水平向设计地震动峰值位移；

$A_v$——地表竖向设计地震动峰值加速度；

$A_h$——地表水平向设计地震动峰值加速度；

$K_v$——地表竖向地震动峰值加速度与水平向峰值加速度比值；

$T_g$——场地特征周期；

$T$——结构自振周期；

$S_{max}$——水平加速度反应谱最大值；

$\gamma$——反应谱下降段的衰减指数；

$\xi$——结构阻尼比；

$C_d$——阻尼调整系数；

$S_H$——水平向地震作用效应；

$S_V$——竖向地震作用效应；

$S$——地震作用效应；

$F_y$——作用在结构上的荷载组合值；

$f_k$——材料的强度值；

$F_r$——作用在结构上的作用组合标准值；

$S_q$——地震作用组合的效应设计值；

$g$——重力加速度；

$K_a$——地震主动土压力系数；

$K_{psp}$——地震被动土压力系数；

$K_{ca}$——土体黏聚力产生的主动土压力系数；

$K_{cp}$——土体黏聚力产生的被动土压力系数；

$\theta$——地震角；

$T_S$——地层固有周期；

$(EA)_{eq}^{C}$——盾构隧道等效抗压刚度；

$(EA)_{eq}^{T}$——盾构隧道等效抗拉刚度；

$(EI)_{eq}$——盾构隧道等效抗弯刚度；

$K_J$——隧道横截面螺栓抗拉刚度。

# 3 基本要求

## 3.1 抗震设防分类和设防标准

**3.1.1** 隧道应根据公路等级及隧道重要性按表3.1.1进行抗震设防分类。对经济、国防具有重要意义，或有利于抗震救灾确保生命线畅通的隧道，宜适当提高抗震设防类别。

表 3.1.1 隧道抗震设防分类

| 抗震设防类别 | 适 用 范 围 |
|---|---|
| A | 穿越江、河、湖、海等水域，技术复杂、修复困难的水下隧道 |
| B | 1. 高速公路、一级公路隧道<br>2. 三车道、四车道隧道<br>3. 连拱隧道、明洞和棚洞<br>4. 地下风机房 |
| C | 1. 二级、三级公路隧道<br>2. 通风斜井、竖井及风道、平行导洞 |
| D | 1. 四级公路隧道<br>2. 附属洞室 |

**3.1.2** 隧道结构的抗震性能要求应根据设防目标分成下列三个等级：

1 性能要求1：地震后衬砌结构应力低于弹性极限，处于弹性状态；结构无破坏，结构物功能保持震前状态。

2 性能要求2：地震后衬砌结构应力超过弹性极限，但在屈服强度以内，结构处于弹性向弹塑性过渡状态；结构局部轻微损伤，不需要维修或简单加固后可继续使用。

3 性能要求3：地震后衬砌结构应力超过屈服强度，未达到结构最大承载力，结构处于弹塑性状态、未失稳；结构产生损伤破坏，但不应出现局部或整体坍塌，通过修复和加固可以恢复结构物功能。

**3.1.3** A类、B类和C类隧道宜采用两水准抗震设防，D类隧道宜采用一水准抗震设防。各类隧道的抗震设防目标应符合表3.1.3的规定。

表 3.1.3 各类隧道的抗震设防目标

| 抗震设防类别 | 设 防 目 标 | |
|---|---|---|
| | E1 地震作用 | E2 地震作用 |
| A、B | 性能要求 1 | 性能要求 2 |
| C | 性能要求 1 | 性能要求 3 |
| D | 性能要求 1 | — |

**3.1.4** 各类隧道的抗震设防措施应按表 3.1.4 确定。

表 3.1.4 各类隧道的抗震设防措施等级

| 抗震设防类别 | 地震基本烈度 | | | | | |
|---|---|---|---|---|---|---|
| | Ⅵ | Ⅶ | | Ⅷ | | Ⅸ |
| | 0.05g | 0.10g | 0.15g | 0.20g | 0.30g | 0.40g |
| A | 二级 | 三级 | | 四级 | | 更高，专门研究 |
| B | | | 三级 | | | 四级 |
| C、D | 一级 | | 二级 | | 三级 | 四级 |

**3.1.5** 各类隧道的抗震重要性系数 $C_i$ 应按表 3.1.5 确定。

表 3.1.5 各类隧道的抗震重要性系数 $C_i$

| 抗震设防类别 | E1 地震作用 | E2 地震作用 |
|---|---|---|
| A | 1.0 | 1.7（1.3ª） |
| B | 0.43 | 1.3 |
| C | 0.34 | 1.0 |
| D | 0.26 | — |

注：ª 沉管隧道取 1.3。

## 3.2 地震作用

**3.2.1** 隧道抗震设计要考虑的地震作用应采用所在地区基本地震动参数和抗震重要性系数 $C_i$ 来表征。开展了专门的工程场地地震安全性评价的隧道，其各级地震作用的地震动峰值加速度值应不低于根据本规范第 3.1.5 条规定的抗震重要性系数所确定的地震动峰值加速度值。

**3.2.2** 对隧址进行专门的工程场地地震安全性评价时，除应符合现行《工程场地地震安全性评价》（GB 17741）规定的工作内容和深度要求外，确定的地震作用还应满足本规范的相关规定。

**3.2.3** 需要根据基本地震动峰值加速度确定相应的抗震设防烈度时，应将其换算为Ⅱ类场地基本地震动峰值加速度，并按表3.2.3确定。

表 3.2.3　地震动峰值加速度与抗震设防烈度的对应关系

| 地震动峰值加速度分区值($g$) | 0.05 | 0.10 | 0.15 | 0.20 | 0.30 | 0.40 |
|---|---|---|---|---|---|---|
| Ⅱ类场地基本地震动峰值加速度($g$) | [0.04，0.09) | [0.09，0.14) | [0.14，0.19) | [0.19，0.28) | [0.28，0.38) | [0.38，0.75) |
| 抗震设防烈度 | Ⅵ | Ⅶ | Ⅶ | Ⅷ | Ⅷ | Ⅸ |

## 3.3　抗震设计流程

**3.3.1** 隧道抗震应按下列三类方法进行设计：

1　1类：应进行 E1 地震作用和 E2 地震作用下的抗震分析和抗震验算，并应满足抗震措施要求。

2　2类：应进行 E1 地震作用下的抗震分析和抗震验算，并应满足抗震措施要求。

3　3类：应满足抗震措施要求，可不进行抗震分析和抗震验算。

**3.3.2** 根据隧道抗震设防分类及抗震设防水平，隧道抗震设计方法宜按表3.3.2选用。

表 3.3.2　隧道抗震设计方法

| 抗震设防类别 | 设防水平 | | | | | |
|---|---|---|---|---|---|---|
| | Ⅵ | Ⅶ | Ⅶ | Ⅷ | Ⅷ | Ⅸ |
| | 0.05$g$ | 0.10$g$ | 0.15$g$ | 0.20$g$ | 0.30$g$ | 0.40$g$ |
| A | 2类 | 1类 | 1类 | 1类 | 1类 | 1类 |
| B | 3类 | 3类 | 2类 | 2类 | 1类 | 1类 |
| C | 3类 | 3类 | 3类 | 2类 | 2类 | 1类 |
| D | 3类 | 3类 | 3类 | 3类 | 2类 | 2类 |

**3.3.3** 抗震设计应遵循下列工作流程：

1　根据本规范第3.1.1条确定隧道的抗震设防类别。

2　根据本规范第3.1.3条确定隧道的抗震设防目标及其抗震性能要求。

3　根据隧道的抗震设防类别、抗震性能要求和本规范第3.3.2条等，确定抗震设计内容和抗震设计方法，包括抗震分析与抗震验算、抗震措施设计等。

4　根据现行《中国地震动参数区划图》(GB 18306)或专门的场地地震安全性评价结果，确定隧道的 E1 地震作用和 E2 地震作用。

5　隧道抗震设计宜按图3.3.3所示流程进行。

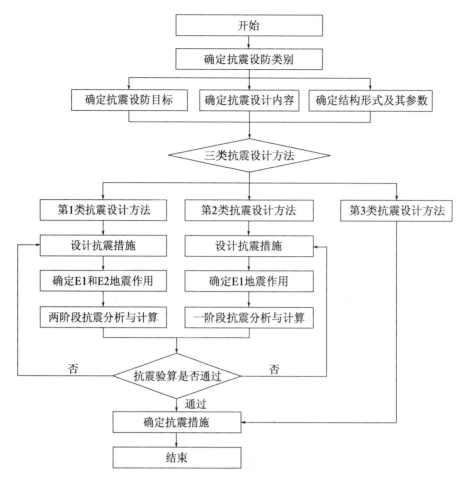

图 3.3.3 隧道抗震设计流程

# 4 隧址、场地和地基

## 4.1 一般规定

**4.1.1** 隧道在选址时应考虑下列宏观震害或地震效应：
1 强烈地震动导致隧道结构物的振动破坏；
2 强烈地震动造成的场地、地基失稳或失效，包括液化、地裂、震陷、滑坡、崩塌等；
3 断层错动，包括基岩断裂及构造性地裂造成的破坏；
4 局部地形、地貌、地层结构的变异引起的地震动异常造成的特殊破坏。

**4.1.2** 隧道地质勘察除应满足相关规范要求外，还应从抗震角度对下列内容进行场地与地基勘察和评价：
1 场地土的类型、场地类别、场地抗震地段类别、地基液化判别；
2 活动性断层和发震断层的位置、连续性和活动性等；
3 隧址区潜在滑坡、塌陷、崩塌和采空区等岩土体的稳定性；
4 断层破碎带、岩溶、软弱围岩等地段隧道的稳定性；
5 土层剖面及土的动剪切模量和阻尼比等参数。

## 4.2 隧址与场地

**4.2.1** 隧道围岩抗震地段类别受埋深、围岩条件的影响，可按表4.2.1进行判别。

表4.2.1 隧道围岩抗震地段类别

| 埋 深 | 围 岩 级 别 | | | | | |
|---|---|---|---|---|---|---|
|  | Ⅰ | Ⅱ | Ⅲ | Ⅳ | Ⅴ | Ⅵ |
| 深埋 | 有利 | 有利 | 有利 | 有利 | 一般 | 不利 |
| 浅埋 | 有利 | 有利 | 有利 | 一般 | 不利 | 危险 |
| 洞口 | 有利 | 有利 | 一般 | 不利 | 不利 | 危险 |
| 边仰坡 | 有利 | 有利 | 一般 | 不利 | 危险 | 危险 |

**4.2.2** 在隧道勘察时应从宏观地质与微观地质出发，对隧道边仰坡、洞口及浅埋段等地段的场地，按抗震有利、一般、不利、危险地段进行划分，场地的地段类别应按

表4.2.2进行划分。

**表4.2.2　场地的地段类别划分**

| 地段类别 | 地形、地貌、地质 |
|---|---|
| 有利地段 | 缓坡、稳定基岩，坚硬土，密实、均匀的中硬土等 |
| 一般地段 | 不属于有利、不利和危险的地段 |
| 不利地段 | 陡坡、陡坎、河岸和边坡的边缘，地表存在结构性裂缝，强风化岩层，软弱土，液化土，平面分布上成因、岩性、状态明显不均匀的土层（如故河道、疏松的断层破碎带、暗埋的塘浜沟谷和半填半挖地基），陡峭的倾向于山体外侧的地层，高含水率的可塑黄土等，条形突出的山嘴，高耸孤立的山丘 |
| 危险地段 | 地震时可能发生滑坡、崩塌、地陷、地裂、泥石流等及发震断层带上可能发生地层位错的部位 |

**4.2.3**　隧址宜绕避抗震不利地段和危险地段；难以绕避时，应以最短距离穿越抗震不利地段和危险地段。

**4.2.4**　隧道工程场地岩土剪切波速应按下列规定确定：

1　对于A类隧道，应通过现场实测确定工程场地土层剪切波速。

2　对于B、C、D类隧道，当无实测剪切波速时，可根据岩土名称和性状，结合当地经验，按表4.2.4估计各岩土层的剪切波速。

**表4.2.4　岩土的类型划分和剪切波速范围**

| 岩土类型 | 岩土名称和性状 | 剪切波速范围(m/s) |
|---|---|---|
| 岩石 | 坚硬、较坚硬且完整的稳定岩石 | $v_{se} > 800$ |
| 坚硬土或软质岩石 | 破碎和较破碎的岩石或软和较软的岩石，密实的碎石土 | $800 \geq v_{se} > 500$ |
| 中硬土 | 中密、稍密的碎石土，密实、中密的砾、粗（中）砂，$f_{ak} > 200kPa$的黏性土和粉土，坚硬黄土 | $500 \geq v_{se} > 250$ |
| 中软土 | 稍密的砾、粗（中）砂，除松散外的细、粉砂，$f_{ak} \leq 200kPa$的黏性土和粉土，$f_{ak} > 140kPa$的填土，可塑黄土 | $250 \geq v_{se} > 150$ |
| 软弱土 | 淤泥和淤泥质土，松散的砂，新近沉积的黏性土和粉土，$f_{ak} \leq 140kPa$的填土，流塑黄土 | $v_{se} \leq 150$ |

**4.2.5**　钻爆、盾构隧道的洞口及浅埋段，以及明挖隧道、沉管隧道的场地覆盖层厚度应按下列规定确定：

1　一般情况下，应按地面至剪切波速大于500m/s且其下卧各层岩土的剪切波速均不小于500m/s的土层顶面的距离确定。

2　当地面5m以下存在剪切波速大于其上部各土层剪切波速2.5倍的土层，且该层及其下卧层各层岩土的剪切波速均不小于400m/s时，可按地面至该土层顶面的距离确定。

3 剪切波速大于500m/s的孤石、透镜体，应视同周围土层。

4 土层中的火山岩硬夹层，应视为刚体，其厚度应从覆盖土层中扣除。

**4.2.6** 土层平均剪切波速应按下式计算：

$$v_{se} = \frac{d_0}{t} \tag{4.2.6-1}$$

$$t = \sum_{i=1}^{n}\left(\frac{d_i}{v_{si}}\right) \tag{4.2.6-2}$$

式中：$v_{se}$——土层平均剪切波速(m/s)；

$d_0$——计算深度(m)，取覆盖层厚度和20m二者的较小值；

$t$——剪切波在地面至计算深度之间的传播时间(s)；

$d_i$——计算深度范围内第$i$土层的厚度(m)；

$v_{si}$——计算深度范围内第$i$土层的剪切波速(m/s)；

$n$——计算深度范围内土层的分层数。

**4.2.7** 隧道洞口、浅埋段隧道、明挖隧道、盾构隧道及沉管隧道的场地类别，应根据岩石的剪切波速或土层平均剪切波速和场地覆盖层厚度划分为四类，并应符合表4.2.7的规定。当有可靠的剪切波速和覆盖层厚度且其值处于表4.2.7所列场地类别的分界线附近时，应按插值方法确定地震作用计算所用的特征周期。

**表4.2.7 隧道隧址场地类别划分**

| 岩石的剪切波速或土的平均剪切波速(m/s) | 场地类别 | | | | |
|---|---|---|---|---|---|
| | I | | II | III | IV |
| | $I_0$ | $I_1$ | | | |
| $v_{se} > 800$ | 0 | — | — | — | — |
| $800 \geq v_{se} > 500$ | — | 0 | — | — | — |
| $500 \geq v_{se} > 250$ | — | <5 | ≥5 | — | — |
| $250 \geq v_{se} > 150$ | — | <3 | 3~50 | >50 | — |
| $v_{se} \leq 150$ | — | <3 | 3~15 | 15~80 | >80 |

注：表中数据为场地覆盖层厚度(m)。

**4.2.8** 隧道工程场地范围内有发震断层时，应对断层错动的工程影响进行评价，并应符合下列要求：

1 当符合下列条件之一时，可不考虑断层错动对隧道的影响：

1）抗震设防地震动分档小于0.20$g$的地区；

2）非全新世断层；

3）对于盾构隧道、沉管隧道和明挖隧道，抗震设防地震动分档为0.20$g$（0.30$g$）和0.40$g$的地区，全新世基岩隐伏断层的土层覆盖厚度分别大于60m和90m。

2 当不能满足上述条件时，宜采取下列措施：

1）隧道轴向不宜近距离平行主断裂；

2）当隧道不得已穿越活动断层带时，可布设在断裂带较窄的部位，且应对断裂带的错动速率及错动量等进行专题论证，并在隧道设计中采取应对措施；

3）隧道平行于活动断裂布置时，宜布设在断裂带的下盘内。

## 4.3 地基

**4.3.1** 天然地基基础抗震验算时，地基抗震承载力应按式(4.3.1)计算：

$$f_{aE} = \zeta_a f_a \tag{4.3.1}$$

式中：$f_{aE}$——调整后的地基承载力；

$\zeta_a$——地基抗震承载力调整系数，应按表4.3.1取值；

$f_a$——修正后的地基承载力特征值，应按现行《公路桥涵地基与基础设计规范》（JTG 3363）取值。

表4.3.1 地基抗震承载力调整系数

| 岩土名称和性状 | $\zeta_a$ |
| --- | --- |
| 岩石，密实的碎石土，密实的砾、粗、中砂，$f_{ak} \geq 300\text{kPa}$ 的黏性土和粉土 | 1.5 |
| 中密、稍密的碎石土，中密的砾、粗、中砂，密实和中密的细、粉砂，$300\text{kPa} > f_{ak} \geq 150\text{kPa}$ 的黏性土和粉土，坚硬黄土 | 1.3 |
| 稍密的细、粉砂，$150\text{kPa} > f_{ak} \geq 100\text{kPa}$ 的黏性土和粉土，可塑黄土 | 1.1 |
| 淤泥，淤泥质土，松散的砂，杂填土，新近堆积黄土及流塑黄土 | 1.0 |

**4.3.2** 验算天然地基地震作用下的竖向承载力时，按地震作用组合计算的基础底面平均压力和基础边缘最大压力应符合下列各式要求：

$$p \leq f_{aE} \tag{4.3.2-1}$$

$$p_{max} \leq 1.2 f_{aE} \tag{4.3.2-2}$$

式中：$p$——地震作用组合下的基础底面平均压力；

$p_{max}$——地震作用组合下的基础边缘最大压力。

## 4.4 地基液化和软土地基

**4.4.1** 抗震设防地震动分档0.05g的地区内对液化沉陷敏感的隧道结构，宜按抗震设防地震动分档为0.10g的要求进行场地地震液化判别和处理；抗震设防地震动分档为0.10g及以上的地区，A类结构物应进行专门的场地液化勘察和处理，B、C类隧道结构可按本地区抗震设防烈度的要求进行场地地震液化判别。

**4.4.2** 存在饱和松砂和饱和粉土的地基，除抗震设防地震动分档为0.05$g$的地区外，应进行液化判别。砾粒含量较高的饱和砂土、粉土，饱和粉细砂与粉质互层土、混砂土，其液化可能性宜作专门研究。

**4.4.3** 一般地基地面以下15m，桩基和基础埋置深度大于5m的天然地基，地面以下20m范围内有饱和砂土或饱和粉土（不含黄土），符合下列条件之一时，可初步判别为不液化或不考虑液化影响：

1 地质年代为第四纪晚更新世（$Q_3$）及其以前，且地震动峰值加速度小于0.40$g$的地区，可判别为不液化。

2 地震动峰值加速度为0.10$g$(0.15$g$)、0.20$g$(0.30$g$)和0.40$g$的地区，粉土的黏粒（粒径小于0.005mm的颗粒）含量分别不小于10%、13%和16%时，可判为不液化土。

注：用于液化判别的黏粒含量系采用六偏磷酸钠作为分散剂测定，采用其他方法时应按有关规定换算。

3 浅埋天然地基的结构物，当上覆非液化土层厚度和地下水位深度符合下列条件之一时，可不考虑液化影响：

$$d_u > d_0 + d_b - 2 \quad (4.4.3\text{-}1)$$

$$d_w > d_0 + d_b - 3 \quad (4.4.3\text{-}2)$$

$$d_u + d_w > 1.5d_0 + 2d_b - 4.5 \quad (4.4.3\text{-}3)$$

式中：$d_u$——上覆非液化土层厚度(m)，计算时宜将淤泥和淤泥质土层扣除；

$d_0$——液化土特征深度(m)，可按表4.4.3取值；

$d_w$——地下水位深度(m)，宜采用设计基准期内年平均最高水位，也可采用近期内年最高水位；

$d_b$——基础埋置深度(m)，不超过2m时应采用2m。

**表 4.4.3　液化土特征深度 $d_0$(m)**

| 饱和土类别 | 地震动峰值加速度分区 | | |
|---|---|---|---|
| | 0.10$g$(0.15$g$) | 0.20$g$(0.30$g$) | 0.40$g$ |
| 粉土 | 6 | 7 | 8 |
| 砂土 | 7 | 8 | 9 |

**4.4.4** 需进一步进行液化判别时，应采用标准贯入试验进行地面下15m深度范围内土的液化判别；采用桩基或基础埋深大于5m的基础时，还应进行地面下15～20m深度范围内土的液化判别。当饱和土标准贯入锤击数（未经杆长修正）小于液化判别标准贯入锤击数临界值$N_{cr}$时，应判为液化土。有成熟经验时，也可采用其他判别方法。液化判别标准贯入锤击数临界值的计算，应符合下列规定：

1 在地面下15m深度范围内，液化判别标准贯入锤击数临界值可按下式计算：

$$N_{cr} = N_0[0.9 + 0.1(d_s - d_w)]\sqrt{3/\rho_c} \quad (4.4.4\text{-}1)$$

2  在地面下 15~20m 深度范围内,液化判别标准贯入锤击数临界值可按下式计算:

$$N_{cr} = N_0(2.4 - 0.1d_w)\sqrt{3/\rho_c} \quad (4.4.4\text{-}2)$$

式中：$N_{cr}$——液化判别标准贯入锤击数临界值；
　　　$N_0$——液化判别标准贯入锤击数基准值,应按表 4.4.4 取值；
　　　$d_s$——饱和土标准贯入点深度(m)；
　　　$\rho_c$——黏粒含量百分率,当小于 3% 或为砂土时,应采用 3%。

表 4.4.4  液化判别标准贯入锤击数基准值 $N_0$

| 区划图上的特征周期(s) | 区划图上的地震动峰值加速度 | | |
|---|---|---|---|
| | 0.10g(0.15g) | 0.20g(0.30g) | 0.40g |
| 0.35 | 6(8) | 10(13) | 16 |
| 0.40、0.45 | 8(10) | 12(15) | 18 |

**4.4.5**  对存在可液化土层的地基,应探明各可液化土层的深度和厚度,按式(4.4.5)计算每个钻孔的液化指数,并按表 4.4.5 综合划分地基的液化等级。

$$I_{lE} = \sum_{i=1}^{n}\left(1 - \frac{N_i}{N_{cri}}\right)d_i W_i \quad (4.4.5)$$

式中：$I_{lE}$——液化指数；
　　　$n$——在判别深度范围内每一个钻孔标准贯入试验点的总数；
　　　$N_i$——$i$ 点标准贯入锤击数实测值；
　　　$N_{cri}$——$i$ 点液化判别标准贯入锤击数临界值,当实测值大于临界值时应取临界值；
　　　$d_i$——$i$ 点所代表的土层厚度(m),可采用与标准贯入试验点相邻的上、下两标准贯入试验点深度差的一半,但上界不高于地下水位深度,下界不深于液化深度；
　　　$W_i$——$i$ 土层单位土层厚度的层位影响权函数值($m^{-1}$)。若判别深度为 15m,当该层中点深度不大于 5m 时应采用 10,等于 15m 时应采用零值,5~15m 时应按线性内插法取值；若判别深度为 20m,当该层中点深度不大于 5m 时应采用 10,等于 20 时应采用零值,5~20m 时应按线性内插法取值。

表 4.4.5  地基液化等级与液化指数 $I_{lE}$ 的对应关系

| 液化等级 | 轻微 | 中等 | 严重 |
|---|---|---|---|
| 判别深度为 15m 的液化指数 | (0,5] | (5,15] | >15 |
| 判别深度为 20m 的液化指数 | (0,6] | (6,18] | >18 |

**4.4.6** 在进行地震液化判别时，应考虑由于隧道的存在而引起的地层有效应力降低的影响。

**4.4.7** 当可液化土层比较平坦且均匀时，宜按表4.4.7的要求选用地基抗液化措施。不宜将未经处理的可液化土层作为天然地基持力层。

表4.4.7 地基抗液化措施要求

| 抗震设防类别 | 地基的液化等级 | | |
| --- | --- | --- | --- |
| | 轻微 | 中等 | 严重 |
| A、B | 部分消除液化沉陷，或对基础和结构进行处理 | 全部消除液化沉陷，或部分消除液化沉陷且对基础和结构进行处理 | 全部消除液化沉陷 |
| C | 可不采取措施 | 对结构和基础进行处理，或采取更高要求的措施 | 全部消除液化沉陷，或部分消除液化沉陷且对结构和基础进行处理 |
| D | 可不采取措施 | 可不采取措施 | 对基础和结构进行处理，或采取其他经济的措施 |

**4.4.8** 消除地基液化沉陷的措施应符合下列规定：

1 隧道结构物的基础，其底面应埋入液化深度以下的稳定土层中，其深度不应小于0.5m，并应注意其地震时的抗上浮问题。

2 采用振冲、振动加密、挤密碎石桩、强夯等加密法加固地基时，应处理至液化深度下界。

3 用非液化土替换全部液化土层。

4 当隧道结构处于液化土层中并采用加密法或换土法处理时，其处理宽度不宜小于液化土层厚度。当液化土层的厚度小于隧道底面宽度时，应处理隧道底面宽度范围内的全部液化土层；当明挖隧道基坑两侧有排桩、连续墙等支护结构，且结构宽度小于液化土层厚度时，可只处理排桩以内部分的全部液化土层，但排桩应穿越液化土层。

5 当隧道结构处于液化土层中并采用注浆方法加固时，注浆厚度不宜小于液化土层厚度。

6 将永久性围护结构嵌入非液化土层。

**4.4.9** 减轻地基液化影响的基础和结构处理，可采取下列各项措施：

1 选择合适的基础埋置深度；

2 调整基础底面积，减少基础偏心；

3 加强基础的整体性和刚度；

4 减轻荷载，增强结构的整体刚度和均匀对称性，避免采用对不均匀沉降敏感的结构形式等。

**4.4.10** 在故河道以及邻近河岸、海岸和边坡等有液化侧向扩展或流滑可能的地段内不宜修建隧道，否则应进行抗滑动验算，并采取防土体滑动措施或结构抗裂措施。

**4.4.11** 判定为发生液化的土层，应根据液化程度对下列各土质参数进行修正：地基的变形模量、地基的基床系数、地基承载力和桩周边土的承载力参数。

**4.4.12** 判定为发生液化的土层的土质参数宜采用该土层在不发生液化时的各土质参数乘以该土层液化影响折减系数 $C_e$ 进行修正。土层液化影响折减系数可按表4.4.12取值。折减系数为0的土层应不计土层的抗力作用。

表4.4.12 土层液化影响折减系数 $C_e$

| 液化抵抗率 | 土层深度(m) | 折减系数 $C_e$ |
| --- | --- | --- |
| $0.6 \geqslant F_L$ | $d_s \leqslant 10$ | 0 |
|  | $10 < d_s \leqslant 20$ | 1/3 |
| $0.8 \geqslant F_L > 0.6$ | $d_s \leqslant 10$ | 1/3 |
|  | $10 < d_s \leqslant 20$ | 2/3 |
| $1.0 \geqslant F_L > 0.8$ | $d_s \leqslant 10$ | 2/3 |
|  | $10 < d_s \leqslant 20$ | 1 |

**4.4.13** 当采用标准贯入锤击数表征土的液化抗力时，表4.4.12中的液化抵抗率可按式(4.4.13)计算：

$$F_L = \frac{N_1}{N_{cr}} \tag{4.4.13}$$

式中：$N_1$——场地土标准贯入锤击数实测值；
$N_{cr}$——液化判别标准贯入锤击数临界值。

# 5 地震作用

## 5.1 一般规定

**5.1.1** 各类隧道结构的地震作用，应符合下列规定：

1 应考虑沿结构横断面方向的水平地震作用。

2 抗震设防地震动分档为0.20g及以上地区的隧道和单洞四车道及以上的大跨度隧道，及竖直向作用引起的地震效应很显著时，应同时考虑沿横断面方向的水平向和竖直向的地震作用。

3 盾构隧道、沉管隧道和明挖隧道应同时考虑沿横断面方向和沿结构纵向的水平地震作用。

**5.1.2** 隧道结构抗震设计地震动参数确定应符合下列规定：

1 A类隧道和位于抗震设防地震动分档0.40g地区的特长隧道，应根据专门的工程场地地震安全性评价确定参数。

2 开展了专门的工程场地地震安全性评价的隧道，应根据安全性评价结果确定参数。

3 对其他隧道，地震动参数可在现行《中国地震动参数区划图》(GB 18306)基础上采用本规范相关规定确定。

**5.1.3** 隧址区及外延10km范围内存在发震断层时，宜进行工程场地地震安全性评价；隧址区及外延5km范围内存在可能发生震级不小于6.5级的发震断层时，应进行工程场地地震安全性评价。

## 5.2 水平向地震作用

**5.2.1** 采用静力法进行抗震计算时，地表水平向设计地震动峰值加速度$A_h$应根据下式确定：

$$A_h = C_s A_{hII} \quad (5.2.1\text{-}1)$$

$$A_{hII} = C_i A \quad (5.2.1\text{-}2)$$

式中：$C_s$——场地地震动峰值加速度调整系数，按表5.2.1所给值分段线性插值确定；当采用的地震动参数适用隧址场地时，$C_s = 1.0$；

$A_{hⅡ}$——Ⅱ类场地地表水平向设计地震动峰值加速度($g$)；

$C_i$——抗震重要性系数，按本规范表3.1.5取值；

$A$——Ⅱ类场地地表水平向基本地震动峰值加速度($g$)，按现行《中国地震动参数区划图》(GB 18306)取值。

表5.2.1 场地地震动峰值加速度调整系数 $C_s$

| Ⅱ类场地地表水平向设计地震动峰值加速度 $A_{hⅡ}(g)$ | 场地类别 | | | | |
|---|---|---|---|---|---|
| | $I_0$ | $I_1$ | Ⅱ | Ⅲ | Ⅳ |
| ≤0.05 | 0.72 | 0.80 | 1.00 | 1.30 | 1.25 |
| 0.10 | 0.74 | 0.82 | 1.00 | 1.25 | 1.20 |
| 0.15 | 0.75 | 0.83 | 1.00 | 1.15 | 1.10 |
| 0.20 | 0.76 | 0.85 | 1.00 | 1.00 | 1.00 |
| 0.30 | 0.85 | 0.95 | 1.00 | 1.00 | 0.95 |
| ≥0.40 | 0.90 | 1.00 | 1.00 | 1.00 | 0.90 |

**5.2.2** 采用反应位移法时，地表水平向设计地震动峰值位移 $u_{max}$ 应根据下式确定：

$$u_{max} = F_u u_{maxⅡ} \quad (5.2.2\text{-}1)$$

$$u_{maxⅡ} = F_{uhⅡ} A_{hⅡ} \quad (5.2.2\text{-}2)$$

式中：$F_u$——场地地震动峰值位移调整系数，应按表5.2.2所给值分段线性插值确定；

$u_{maxⅡ}$——Ⅱ类场地地表水平向设计地震动峰值位移(m)；

$F_{uhⅡ}$——经验系数，峰值位移单位为 m、峰值加速度单位为 m/s² 时，$F_{uhⅡ}$ 取值为 1/15，单位为 s²。

表5.2.2 场地地震动峰值位移调整系数 $F_u$

| Ⅱ类场地地表水平向设计地震动峰值位移 $u_{maxⅡ}$(m) | 场地类别 | | | | |
|---|---|---|---|---|---|
| | $I_0$ | $I_1$ | Ⅱ | Ⅲ | Ⅳ |
| ≤0.03 | 0.75 | 0.75 | 1.00 | 1.20 | 1.45 |
| 0.07 | 0.75 | 0.75 | 1.00 | 1.20 | 1.50 |
| 0.10 | 0.80 | 0.80 | 1.00 | 1.25 | 1.55 |
| 0.13 | 0.85 | 0.85 | 1.00 | 1.40 | 1.70 |
| 0.20 | 0.90 | 0.90 | 1.00 | 1.40 | 1.70 |
| ≥0.27 | 1.00 | 1.00 | 1.00 | 1.40 | 1.70 |

**5.2.3** 采用广义反应位移法或时程分析法进行抗震计算时，输入的水平向加速度时程应采用计算模型底边界处的水平加速度时程。

## 5.3 竖向地震作用

**5.3.1** 场地地表竖向设计地震动峰值加速度 $A_v$ 应根据水平向设计地震动峰值加速度 $A_h$，按式(5.3.1)确定。在活动断裂附近，竖向峰值加速度宜采用水平向峰值加速度值。

$$A_v = K_v A_h \tag{5.3.1}$$

式中：$K_v$——竖向地震动峰值加速度与水平向峰值加速度比值，按表 5.3.1 分段线性插值确定。

表 5.3.1 竖向地震动峰值加速度与水平向峰值加速度比值 $K_v$

| 水平向设计峰值加速度 $A_h(g)$ | ≤0.05 | 0.10 | 0.15 | 0.20 | 0.30 | ≥0.40 |
|---|---|---|---|---|---|---|
| $K_v$ | 0.65 | 0.70 | 0.70 | 0.75 | 0.85 | 1.00 |

## 5.4 设计地震动时程

**5.4.1** 已作工程场地地震安全性评价的隧址，采用时程分析法进行结构动力分析时，设计地震动时程应根据专门的工程场地地震安全性评价结果确定。

**5.4.2** 未作地震安全性评价的隧址，采用广义反应位移法和时程分析法进行结构动力分析时，输入的设计地震动加速度时程可根据地震动加速度反应谱合成，也可利用地震和场地环境相近的实际地震动加速度记录经适当调整后确定。用于输入的地震动加速度时程的峰值加速度、峰值位移及加速度反应谱曲线与本规范规定的设计地震动峰值加速度、峰值位移以及本节中确定的地震动加速度反应谱曲线的误差应小于 5%。

1 用于合成设计加速度时程的反应谱(阻尼比为 0.05)$S$(图 5.4.2)由下式确定：

$$S = \begin{cases} S_{\max}(5.5T+0.45) & T < 0.1\text{s} \\ S_{\max} & 0.1\text{s} \leq T \leq T_g \\ S_{\max}(T_g/T)^\gamma & T > T_g \end{cases} \tag{5.4.2-1}$$

式中：$T_g$——场地特征周期(s)；

$T$——结构自振周期(s)；

$S_{\max}$——水平加速度反应谱最大值；

$\gamma$——曲线下降段的衰减指数，一般情况下当结构阻尼比 $\xi$ 为 0.05 时，取值为 1.0；结构阻尼比 $\xi$ 不为 0.05 时，应按下式确定：$\gamma = 1.0 + \dfrac{0.05-\xi}{0.3+6\xi}$。

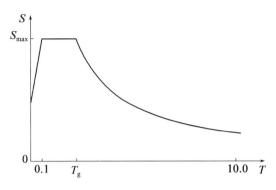

图 5.4.2 水平加速度反应谱

2 水平加速度反应谱最大值 $S_{max}$ 由下式确定：

$$S_{max} = 2.5 C_d A_h \quad (5.4.2\text{-}2)$$

式中：$C_d$——阻尼调整系数，按式(5.4.2-3)确定；

$A_h$——地表水平向设计地震动峰值加速度，按式(5.2.1-1)和式(5.2.1-2)计算确定。

3 阻尼调整系数，除有专门规定外，结构的阻尼比 $\xi$ 应取 0.05，式(5.4.2-3)中的阻尼调整系数 $C_d$ 取 1.0。当结构的阻尼比按有关规定取值不等于 0.05 时，阻尼调整系数 $C_d$ 应按下式取值：

$$C_d = 1 + \frac{0.05\xi}{0.08 + 1.6\xi} \geq 0.55 \quad (5.4.2\text{-}3)$$

4 特征周期 $T_g$ 应根据隧址区场地类别按表 5.4.2 取值。

表 5.4.2 水平向加速度反应谱特征周期调整表

| Ⅱ类场地基本地震动加速反应谱特征周期分区值(s) | 场地类型划分 | | | | |
|---|---|---|---|---|---|
| | $I_0$ | $I_1$ | Ⅱ | Ⅲ | Ⅳ |
| 0.35 | 0.20 | 0.25 | 0.35 | 0.45 | 0.65 |
| 0.40 | 0.25 | 0.30 | 0.40 | 0.55 | 0.75 |
| 0.45 | 0.30 | 0.35 | 0.45 | 0.65 | 0.90 |

**5.4.3** 为考虑地震动的随机性，设计加速度时程不得少于 3 组，且应保证任意两组间同方向时程由式(5.4.3)定义的相关系数 $\rho$ 的绝对值小于 0.1。

$$|\rho| = \left| \frac{\sum_j a_{1j} a_{2j}}{\sqrt{\sum_j a_{1j}^2} \sqrt{\sum_j a_{2j}^2}} \right| \quad (5.4.3)$$

式中：$a_{1j}$、$a_{2j}$——分别为时程 $a_1$ 与 $a_2$ 第 $j$ 点的值。

# 6 计算方法

## 6.1 一般规定

**6.1.1** 隧道抗震计算方法应根据隧道的工程规模、重要程度、周围环境、地形地质条件、结构形式及输入地震动参数类型等因素综合确定。

**6.1.2** 隧道抗震计算方法包括静力法、反应位移法及时程分析法，计算方法的选取宜符合表6.1.2的规定。

表6.1.2 隧道抗震计算方法

| 方　　法 | 结构及地层条件 | 计 算 模 型 | 输入地震动 |
|---|---|---|---|
| 静力法 | 明洞及棚洞、端墙式洞门 | 横向 | 地震动峰值加速度 |
| 修正静力法 | 结构形式简单、均匀岩质地层 | 横向 | 地震动峰值加速度 |
| 反应位移法 | 结构形式简单、均匀土质地层 | 横向、纵向 | 地震动峰值位移 |
| 广义反应位移法 | 结构形式简单、地层条件复杂 | 横向、纵向 | 加速度时程 |
| 时程分析法 | 结构形式复杂、地层条件复杂 | 二维、三维 | 加速度时程 |

注：均匀土质地层的圆形盾构隧道可采用本规范附录B.3的反应位移法简化计算方法。

## 6.2 计算要求

**6.2.1** 隧道进行横向、纵向和三维模型抗震计算时，应遵循下列原则：

1 对隧道横向进行抗震计算，应根据地层条件和结构特征选取有代表性的隧道横断面。

2 对复杂地形地质条件下的隧道，如地形与地质条件变化显著的区段、穿越断层破碎带、软硬岩层交界地带隧道等宜进行纵向抗震计算；对盾构和沉管隧道，应进行纵向抗震计算。

3 大跨、重要、特殊隧道结构，或地形、地质条件变化较大的局部区段，以及结构形式变化较大、空间效应显著的隧道结构等宜采用三维模型计算。

**6.2.2** 进行隧道抗震计算时，计算模型的边界条件和地震作用应与所选择的方法相适应，计算模型应符合下列规定：

1  采用静力法或修正静力法进行抗震计算时，可按本规范附录 A 选取相应的地震作用和边界条件。

2  采用反应位移法进行抗震计算时，设计地震作用基准面应取在隧道结构以下剪切波速大于或等于 500m/s 的地层位置；对覆盖土层厚度小于 70m 的场地，设计地震作用基准面到结构的距离不应小于结构有效高度的 2 倍；对覆盖土层厚度大于 70m 的场地，设计地震作用基准面可取在场地覆盖土层 70m 深度的地层位置，相应的地震作用可按本规范附录 B 的规定选取。

3  采用时程分析法计算时，宜选用能减小地震波边界反射作用的边界条件，如黏性人工边界或黏弹性人工边界等，模型计算范围可按本规范附录 C 的规定设置。

**6.2.3**  计算建模时单元类型的选择、本构模型及材料参数的确定、网格尺寸的划分应符合下列规定：

1  采用荷载-结构模型时，衬砌宜采用梁单元模拟，围岩与结构之间的相互作用可采用弹簧或杆单元模拟；采用地层-结构模型时，衬砌可采用梁单元或壳单元模拟，地层可采用平面应变单元或实体单元模拟。

2  隧道结构应根据抗震性能要求采用适当的本构模型：性能要求 1 时宜采用弹性本构模型；性能要求 2、3 时宜采用弹塑性本构模型。

3  采用静力法计算时，宜采用材料的静态参数；采用时程分析法时，宜采用材料的动参数，材料动参数应按本规范第 7.4 节的规定选取。

4  计算模型的网格大小应考虑计算精度和计算时间综合确定，网格边长不应大于地震波长的 1/10。

# 7 材料及参数

## 7.1 一般规定

**7.1.1** 隧道材料品种、规格及使用性能，应符合国家、行业相关标准的规定，并应满足抗震设计和耐久性要求，同时应综合考虑其技术经济性。

**7.1.2** 洞身不良地质段主体结构宜采用钢筋混凝土材料，隧道装饰及吊顶等悬挂附属设施宜采用轻质材料。

**7.1.3** 构件间的连接材料宜选择整体性、连续性及韧性较好的材料。

## 7.2 材料选用

**7.2.1** 山岭隧道洞门材料种类和强度等级应不低于表 7.2.1 的规定。

表 7.2.1 山岭隧道洞门端墙材料种类及强度等级

| 工程部位 | 抗震设防类别 | 抗震设防措施等级 | | |
|---|---|---|---|---|
| | | 二级 | 三级 | 四级 |
| 洞门端墙 | A | 混凝土 C20 | 钢筋混凝土 C20 | 钢筋混凝土 C20 |
| | B | | 混凝土 C20 | |
| | C | | | 混凝土 C20 |
| | D | 片石混凝土 C15 | 混凝土 C15 | |
| 洞口挡土墙或翼墙 | $H \leqslant 10m$ | 混凝土 C15 | 混凝土 C20 | 混凝土 C20 |
| | $H > 10m$ | 混凝土 C20 | | 钢筋混凝土 C25 |

注：表中 $H$ 为挡土墙或翼墙高度。

**7.2.2** 山岭隧道抗震设防段隧道衬砌和明洞衬砌的材料及强度等级应不低于表 7.2.2-1～表 7.2.2-3 的规定。

表 7.2.2-1　两车道山岭隧道衬砌材料种类及强度等级

| 抗震设防类别 | 围岩级别 | 抗震设防措施等级 | | |
|---|---|---|---|---|
| | | 二级 | 三级 | 四级 |
| A | Ⅲ | 钢筋混凝土 C30 | 钢筋混凝土 C30 | 钢筋混凝土 C35 |
| | Ⅳ | | | |
| | Ⅴ、Ⅵ | | | |
| B | Ⅲ | 混凝土 C25 | 混凝土 C30 | 钢筋混凝土 C30 |
| | Ⅳ | | 钢筋混凝土 C30 | |
| | Ⅴ、Ⅵ | 钢筋混凝土 C25 | | |
| C | Ⅲ | 混凝土 C25 | 混凝土 C30 | 混凝土 C30 |
| | Ⅳ | | | 钢筋混凝土 C30 |
| | Ⅴ、Ⅵ | 钢筋混凝土 C25 | 钢筋混凝土 C30 | |
| D | Ⅲ | 混凝土 C25 | | 混凝土 C25 |
| | Ⅳ | | | 钢筋混凝土 C25 |
| | Ⅴ、Ⅵ | 钢筋混凝土 C25 | | |

表 7.2.2-2　三车道及以上山岭隧道衬砌材料及强度等级

| 抗震设防类别 | 围岩级别 | 抗震设防措施等级 | | |
|---|---|---|---|---|
| | | 二级 | 三级 | 四级 |
| A | Ⅲ | 钢筋混凝土 C30 | 钢筋混凝土 C35 | 钢筋混凝土 C40 |
| | Ⅳ | | | |
| | Ⅴ、Ⅵ | | | |
| B | Ⅲ | 混凝土 C25 | 混凝土 C30 | 钢筋混凝土 C35 |
| | Ⅳ | 钢筋混凝土 C25 | 钢筋混凝土 C30 | |
| | Ⅴ、Ⅵ | | | |

注：1. 浅埋隧道均应采用钢筋混凝土。
　　2. 抗震设防措施等级为四级的三车道及以上跨度隧道衬砌材料宜添加纤维材料。

表 7.2.2-3　山岭隧道明洞衬砌材料及强度等级

| 工程项目 | | 抗震设防措施等级 | | |
|---|---|---|---|---|
| | | 二级 | 三级 | 四级 |
| 拱形明洞 | 拱圈 | 钢筋混凝土 C25 | 钢筋混凝土 C30 | 钢筋混凝土 C35 |
| | 单压明洞外墙 | 混凝土 C20 | 混凝土 C30 | |
| 棚洞 | 顶梁 | 钢筋混凝土 C25 | | |
| | 外支承结构 | 混凝土 C25 | 混凝土 C25 | 钢筋混凝土 C30 |
| | 内侧锚杆式边墙 | | | |
| | 衡重式边墙 | 混凝土 C20 | | 钢筋混凝土 C25 |

**7.2.3** 盾构隧道管片混凝土强度等级应不小于 C50，沉管隧道管节混凝土强度等级应不小于 C35，钻爆隧道的衬砌结构混凝土强度等级不宜超过 C60。

**7.2.4** 通风土建、照明、供配电、交通工程等洞内附属设施的材料应符合下列规定：
1 混凝土小型空心砌块的强度等级应不低于 MU10，其砌筑砂浆强度等级应不低于 M7.5。
2 混凝土的强度等级，框支梁、框支柱的框架梁、柱、节点核芯区，应不低于 C30，构造柱、芯柱及其他各类构件应不低于 C25。

## 7.3 材料性能

**7.3.1** 钢筋和钢材性能应符合下列规定：
1 钢筋混凝土的钢筋宜优先采用延性、韧性和焊接性较好的钢筋，受力钢筋宜选用符合抗震性能指标的不低于 HRB400 级的螺纹钢筋，箍筋宜选用符合抗震性能指标的不低于 HPB300 级的热轧钢筋。
2 钢结构的钢材宜采用 Q235 等级 B、C、D 的碳素结构钢或 Q345 等级 B、C、D、E 的低合金高强度结构钢。有可靠依据时，也可采用其他钢种和钢号。
3 钢筋混凝土结构的受力钢筋抗拉强度实测值与屈服强度实测值的比值应不小于 1.25，其屈服强度实测值与强度标准值的比值应不大于 1.3，在最大拉力下的总伸长率实测值应不小于 9%。
4 钢结构钢材屈服强度实测值与抗拉强度实测值的比值应不大于 0.85，应有明显的屈服台阶，且伸长率不应小于 20%，应有良好的焊接性和合格的冲击韧性。

**7.3.2** 纤维混凝土性能应符合下列规定：
1 钢纤维混凝土的钢纤维体积率应根据设计要求确定，且应不小于 0.35%。高强度(抗拉强度不低于 1 000N/mm$^2$)的异形钢纤维体积率应不小于 0.25%。
2 钢纤维混凝土采用的粗集料粒径应不大于 20mm 和钢纤维长度的 2/3。当粗集料粒径大于 20mm 时，应选用适宜的纤维，经过专门试验检验达到设计要求的增强、增韧指标后，方可采用。
3 有耐腐蚀要求的结构应选用不锈钢钢纤维或合成纤维。
4 普通碳素钢纤维材料的抗拉强度设计值应不低于 380MPa。

## 7.4 材料物理力学参数

**7.4.1** 结构抗震验算采用静力法时，岩土体及结构材料的力学性能指标应采用相应的静态指标。

**7.4.2** 结构抗震验算采用广义反应位移法和时程分析法时，岩土体及结构材料的力学性能指标宜选用动态力学指标。

**7.4.3** 钢材的动态力学指标可采用静态力学指标。对不进行专门试验确定混凝土材料动态性能的隧道结构，混凝土的动态弹性模量可较其静态值提高30%，混凝土的动态强度值可较静态值提高20%。

**7.4.4** 抗震设防地震动分档为0.40g及以上地区，应通过专门的试验确定工程场地岩土体的动态力学参数。

**7.4.5** 抗震设防地震动分档小于0.40g的地区，岩土体的动态力学参数宜通过试验确定或根据相似条件的文献资料选用，也可采用静态力学指标。

# 8 抗震验算

## 8.1 一般规定

**8.1.1** 应根据钻爆隧道、盾构隧道、沉管隧道和明挖隧道等结构特点，采用合适的抗震性能验算指标和验算方法。

**8.1.2** 根据抗震性能要求应分别进行强度验算、变形验算或稳定性验算，并应符合下列规定：
1 性能要求 1 应进行 E1 地震作用下的强度验算。
2 性能要求 2 和性能要求 3 应进行 E2 地震作用下的强度验算和变形验算。
3 强度验算可选择综合安全系数法或分项安全系数法进行，性能要求 3 的强度验算宜采用分项安全系数法。
4 洞门和明洞结构还应进行基底应力及地基承载力、抗滑和抗倾覆稳定性验算。A 类、B 类和 C 类隧道的抗滑和抗倾覆稳定性验算应采用 E2 地震作用，D 类隧道的抗滑和抗倾覆稳定性验算应采用 E1 地震作用。

**8.1.3** 公路隧道抗震验算应考虑下列作用：
1 永久作用，包括结构和构件重力(恒载)、土压力、水压力等；
2 可变作用，包括通过隧道的车辆和人群作用、风机等设备引起的动作用等；
3 地震作用，包括结构所受到的地震惯性力和地震土压力、地层液化作用等。

**8.1.4** 地震作用组合应包括各种作用标准值的最不利组合，组合系数均取 1.0。

**8.1.5** 同时考虑水平向地震作用和竖向地震作用时，可分别单独计算水平向地震作用效应 $S_H$ 和竖向地震作用效应 $S_V$，总的地震作用效应 $S$ 应按下式计算：

$$S = \sqrt{S_H^2 + S_V^2} \tag{8.1.5}$$

## 8.2 强度验算

**8.2.1** 采用综合安全系数法进行强度验算时，结构强度应符合式(8.2.1)的规定，性能要求 1、2、3 的综合安全系数应分别符合表 8.2.1-1、表 8.2.1-2、表 8.2.1-3 的规定。

$$KS(F_y, \alpha_d) \leq R(f_k, \alpha_d, C) \quad (8.2.1)$$

式中：$S(\ )$——与作用在结构上的荷载相关的作用效应函数；
$R(\ )$——与结构材料强度及构件几何尺寸相关的结构抗力效应函数；
$F_y$——作用在结构上的荷载组合值；
$f_k$——材料的强度值；
$\alpha_d$——结构的几何参数值；
$C$——结构的极限约束值；
$K$——综合安全系数。

表 8.2.1-1 结构性能要求 1 的综合安全系数

| 受 力 特 征 | 材 料 种 类 | |
|---|---|---|
| | 钢筋混凝土 | 混凝土 |
| 混凝土达到抗压强度极限值 | — | 1.8 |
| 混凝土达到抗剪或抗拉强度极限值 | — | 2.5 |
| 钢筋达到强度设计值或混凝土达到抗压强度极限值 | 1.5 | — |
| 混凝土达到抗剪或抗拉强度（主拉应力）极限值 | 1.8 | — |

表 8.2.1-2 结构性能要求 2 的综合安全系数

| 受 力 特 征 | 材 料 种 类 | |
|---|---|---|
| | 钢筋混凝土 | 混凝土 |
| 混凝土达到抗压强度极限值 | — | 1.5 |
| 混凝土达到抗剪或抗拉强度极限值 | — | 2.0 |
| 钢筋达到强度设计值或混凝土达到抗压强度极限值 | 1.3 | — |
| 混凝土达到抗剪或抗拉强度（主拉应力）极限值 | 1.5 | — |

表 8.2.1-3 结构性能要求 3 的综合安全系数

| 受 力 特 征 | 材 料 种 类 | |
|---|---|---|
| | 钢筋混凝土 | 混凝土 |
| 混凝土达到抗压强度极限值 | — | 1.2 |
| 混凝土达到抗剪或抗拉强度极限值 | — | 1.5 |
| 钢筋达到强度设计值或混凝土达到抗压强度极限值 | 1.0 | — |
| 混凝土达到抗剪或抗拉强度（主拉应力）极限值 | 1.2 | — |

**8.2.2** 采用分项安全系数法进行强度验算时，结构强度应符合式（8.2.2）的规定。

$$\gamma_0 \gamma_1 S(\gamma_m F_r, \alpha_k) \leq R\left(\frac{f_k}{\gamma_f}, \alpha_k, C\right) \quad (8.2.2)$$

式中：$S(\ )$——与作用在结构上的作用相关的作用效应函数；
$R(\ )$——与结构材料强度及几何尺寸相关的结构抗力效应函数；
$F_r$——作用在结构上的作用组合标准值；
$f_k$——材料的强度值；
$\alpha_k$——结构的几何参数标准值；
$C$——结构的极限约束值；
$\gamma_0$——构件工作条件系数，取值1.0；
$\gamma_1$——结构附加安全系数，取值1.0；
$\gamma_m$——作用在结构上的作用分项系数，应按本规范第8.1.3条、8.1.4条执行；
$\gamma_f$——材料性能的分项系数，性能要求1、2、3的材料分项系数应符合表8.2.2的规定。

表8.2.2　材料分项系数 $\gamma_f$

| 材料类型 | 强度类型 | 符号 | 性能要求1的强度标准值分项系数 | 性能要求2的极限强度分项系数 | 性能要求3的极限强度分项系数 |
|---|---|---|---|---|---|
| 混凝土 | 抗压强度 | $\gamma_{hy}$ | 1.40[a] | 1.20 | 1.0 |
|  | 抗剪强度 | $\gamma_{hj}$ | 1.40[a] | 1.25 | 1.1 |
|  | 抗拉强度 | $\gamma_{hl}$ | 2.15[a] | 1.75 | 1.3 |
| 钢筋混凝土 | 混凝土抗压强度 | $\gamma_{hy}$ | 1.35 | 1.20 | 1.0 |
|  | 混凝土抗剪强度 | $\gamma_{hj}$ | 1.35 | 1.20 | 1.1 |
|  | 混凝土抗拉强度 | $\gamma_{hl}$ | 1.50 | 1.35 | 1.2 |
|  | 钢筋抗压强度 | $\gamma_{gv}$ | 1.25 | 1.15 | 1.0 |
|  | 钢筋抗拉强度 | $\gamma_{gl}$ | 1.25 | 1.15 | 1.0 |
| 钢结构 | 抗压强度 | $\gamma_{gv}$ | 1.25 | 1.15 | 1.0 |
|  | 抗拉强度 | $\gamma_{gl}$ | 1.25 | 1.15 | 1.0 |

注：[a] 在性能要求1下混凝土强度分项系数是强度极限值的分项系数值。

## 8.3　变形验算

**8.3.1**　地震作用组合下的变形验算应符合式（8.3.1）的规定。

$$S_q \leq C \quad (8.3.1)$$

式中：$S_q$——地震作用组合的效应（如变形、位移等）设计值；
$C$——设计对变形、位移等规定的相应限值。

**8.3.2**　抗震性能要求为2时，宜进行结构整体变形性能验算，并应符合下列规定：

1　矩形断面结构应采用层间位移角作为指标，钢筋混凝土结构层间位移角限值宜为1/250。

2　钻爆法隧道（或类圆形隧道）二衬结构应采用最大收敛值作为指标，界限值宜为隧道跨度的 5.0‰。

3 圆形断面结构应采用直径变形率作为指标，盾构隧道直径变形率的界限值宜为 6.0‰。

**8.3.3** 抗震性能要求为 3 时，应进行结构整体变形性能验算，其相应参数和计算模型应适应弹塑性阶段计算要求，并应符合下列规定：

1 矩形断面结构应采用层间位移角作为指标，钢筋混凝土结构层间位移角限值宜为 1/80。

2 钻爆法隧道（或类圆形隧道）衬砌结构应采用最大收敛值作为指标，界限值宜为隧道跨度的 15‰。

3 圆形断面结构应采用直径变形率作为指标，盾构隧道直径变形率的界限值宜为 18.0‰。

**8.3.4** 沉管法和盾构法隧道应进行纵向变形或位移验算，并应符合下列规定：

1 接头处的张开量或位移量不应超过设计容许值。

2 伸缩缝处轴向钢筋（螺栓）的位移应小于屈服位移，伸缩缝处的转角应小于屈服转角。

## 8.4 洞门墙及挡墙抗震验算

**8.4.1** 隧道洞门的抗震设计应对墙身截面强度、偏心距、基底应力、抗滑和抗倾覆稳定性分别进行验算，并应符合下列规定：

1 地震作用只与墙体重力和水、土压力组合。

2 应进行墙身截面强度和基底应力验算。

3 洞门墙的抗滑动稳定系数 $K_c \geq 1.1$，抗倾覆稳定系数 $K_o \geq 1.2$。

4 墙体圬工偏心距 $e \leq 0.4h$（$h$ 为墙体厚度）。

5 基底合力偏心距应满足表 8.4.1 的要求。

表 8.4.1 洞门墙基底合力偏心距 $e$

| 地 基 土 | $e$ |
|---|---|
| 岩石，密实的碎石土，密实的砾、粗、中砂，老黏性土，$[\sigma] \geq 300$ kPa 的一般黏性土 | $\leq 2.0\rho$ |
| 中密的碎石土，密实的砾、粗、中砂，老黏性土，$200$ kPa $\leq [\sigma] < 300$ kPa 的一般黏性土 | $\leq 1.5\rho$ |
| 密、中密的细砂、粉土，$100$ kPa $\leq [\sigma] < 200$ kPa 的一般黏性土 | $\leq 1.2\rho$ |
| 新近沉积黏性土，软土，松散的砂、填土，$[\sigma] < 100$ kPa 的一般黏性土 | $\leq 1.0\rho$ |

注：$\rho$ 为基底截面核心半径，$\rho = W/A$，$W$ 为基底边缘的截面抵抗矩，$A$ 为基底面积。

**8.4.2** 由洞门墙和洞口挡土墙自重引起的水平向和竖向地震荷载，应按本规范附录 A.3.2 的规定计算。

**8.4.3** 地震主动和被动土压力应按本规范附录 A.3.3 和 A.3.4 的规定计算。

**8.4.4** 洞门墙地基抗震承载力应按本规范第 4.3.2 条的规定验算。

## 8.5 抗浮稳定性验算

**8.5.1** 隧道在液化地层中穿越时，应按式（8.5.1-1）和式（8.5.1-2）验算隧道结构的抗浮稳定性。

$$\frac{W_s + W_a + F_z}{F_f} \geq K_f \quad (8.5.1\text{-}1)$$

$$F_f = \gamma_b \gamma_w V \quad (8.5.1\text{-}2)$$

式中：$W_s$——隧道结构自重标准值（kN）；
　　　$W_a$——隧道上覆土层有效压重标准值（kN）；
　　　$F_z$——地层侧摩阻力标准值（kN）；
　　　$K_f$——抗浮安全系数；
　　　$F_f$——浮力标准值（kN）；
　　　$\gamma_b$——浮力作用分项系数，取 1.0；
　　　$\gamma_w$——液化土体重度标准值（kN/m³）；
　　　$V$——处于液化土层中的隧道结构体积（m³）。

**8.5.2** 液化土层对衬砌结构的摩阻力，宜根据由实测液化强度比确定的液化影响折减系数算得，浮力应按液化后土体的重度计算。

**8.5.3** 隧道抗震性能要求 1 时抗浮安全系数不宜小于 1.15，抗震性能要求 2 时抗浮安全系数不宜小于 1.10，抗震性能要求 3 时抗浮安全系数不宜小于 1.05。

# 9 钻爆隧道

## 9.1 一般规定

**9.1.1** 隧道布置应尽量减小浅埋、偏压段的长度，洞口结构宜避免与桥梁直接相接。

**9.1.2** 抗震设防地震动分档值 0.2$g$ 及以上地区宜避免设置连拱隧道。

**9.1.3** 抗震设防地震动分档值 0.4$g$ 及以上地区或穿越活动断层时，宜适当加大隧道内轮廓尺寸。

**9.1.4** 当隧道内设辅助通道时，应采取必要的构造措施增强主洞与辅助通道连接处结构的抗震性能。

## 9.2 地震反应计算

**9.2.1** 隧道地震反应计算宜采用修正静力法、反应位移法和时程分析法。

**9.2.2** 当符合下列条件时，可选择修正静力法：
1 抗震设防地震动分档为 0.30$g$ 及以下地区；
2 仅考虑横向地震作用；
3 隧道位于均质地层中，且结构形式简单。

**9.2.3** 当符合下列条件时，可选择反应位移法：
1 隧道地震反应主要受地层相对位移控制；
2 需进行纵向抗震计算时，可采用纵向反应位移法；
3 隧道位于均质地层中，且结构形式简单。

**9.2.4** 当满足下列条件之一时，宜采用时程分析法：
1 抗震设防类别为 A 类且抗震设防地震动分档为 0.2$g$ 及以上地区；
2 需考虑地层与结构的相互作用或二者非线性动力特性；
3 隧道地质条件或结构形式复杂。

**9.2.5** 采用时程分析法时,隧道地震反应分析可按平面应变问题考虑,结构形式变化较大处、主洞与辅助通道(如竖井、斜井、地下风机房、横通道等)连接处或地层条件明显变化段宜按空间问题进行分析。

## 9.3 抗震验算

**9.3.1** 应重点对隧道洞门、明洞及洞口浅埋段、断层破碎带段、软硬地层变化段、结构形式变化段等进行抗震验算。

**9.3.2** 隧道抗震强度和稳定性验算范围除应符合本规范第 3.3.1、3.3.2 条规定外,还应符合表 9.3.2 的规定。

表 9.3.2 隧道抗震强度和稳定性验算范围

| 验算对象 | | Ⅶ度 | Ⅷ度 | Ⅸ度 |
|---|---|---|---|---|
| 洞门墙及洞口挡土墙 | | 不验算 | 验算 | 验算 |
| 断层破碎带段、软硬地层变化段、软弱围岩段衬砌 | A 类 | 验算 | 验算 | 验算 |
| | B 类 | 验算 | 验算 | 验算 |
| | C 类 | 不验算 | 验算 | 验算 |
| | D 类 | 不验算 | 不验算 | 验算 |
| 明洞及洞口浅埋段衬砌 | A、B、C 类 | 验算 | 验算 | 验算 |
| | D 类 | 不验算 | 验算 | 验算 |

**9.3.3** 对于设置紧急停车带、车行横通道和人行横通道的隧道,应综合考虑埋深、围岩、间距等因素,选取最不利处结构进行抗震验算。

## 9.4 衬砌抗震措施

**9.4.1** 隧道洞口浅埋段抗震设防范围应根据埋深因素确定,宜取埋深小于 50m 的衬砌结构段长度。

**9.4.2** 断层破碎带段、软硬地层变化段、结构形式变化段抗震设防范围应往较好围岩或正常结构段延伸,其设防长度应包括往两端延伸段的长度,延伸段长度可根据地震反应计算确定,但最小值应不小于表 9.4.2 的规定。

表 9.4.2 隧道抗震设防范围延伸段长度最小值（m）

| 车道数 | 围岩级别 | 地震动峰值加速度动分档 | | |
|---|---|---|---|---|
| | | 0.10g、0.15g | 0.20g、0.30g | 0.40g |
| 两车道 | Ⅲ～Ⅳ | — | — | 10 |
| | Ⅴ～Ⅵ | — | 5 | 15 |
| 三车道 | Ⅲ～Ⅳ | — | 5 | 15 |
| | Ⅴ～Ⅵ | 5 | 10 | 20 |
| 四车道 | Ⅲ～Ⅳ | 5 | 10 | 20 |
| | Ⅴ～Ⅵ | 10 | 15 | 25 |

**9.4.3** 隧道抗震设防范围内应采用复合式衬砌。二次衬砌采用的建筑材料不应低于本规范表 7.2.2-1～表 7.2.2-3 的要求。

**9.4.4** 隧道线位与活动断层走向平行，抗震设防措施等级为三级时，隧道距离活动断层边缘的距离宜大于 300m；抗震设防措施等级为四级时，隧道距离活动断层边缘的距离宜大于 500m。

**9.4.5** 洞口有岩堆、滑坡、泥石流、崩塌、落石等不良地质危及隧道安全时，应采取工程措施，防止隧道因地震次生灾害而受损。

**9.4.6** 隧道抗震设防段建筑限界和内轮廓的最小间距应满足下列规定：
1 隧道抗震设防措施等级为三级时，最小间距宜大于 15cm；隧道抗震设防措施等级为四级时，最小间距宜大于 25cm。
2 隧道穿越发震断层时，最小间距宜大于 35cm。

**9.4.7** 隧道抗震设防段、软硬地层变化段、结构形式变化段衬砌应设置防震缝，并应满足下列要求：
1 防震缝宜结合沉降缝、伸缩缝共同设置。
2 防震缝纵向布置间距宜取 9～12m。
3 防震缝缝宽宜取 2～4cm。
4 防震缝防水设计可参照沉降缝防水设计方法。

**9.4.8** 因地形或地质条件限制，桥隧相接段桥梁上部结构需伸入隧道内时，应符合下列规定：
1 桥梁上部结构伸入隧道内的长度宜小于 10m。
2 伸入隧道内的桥梁上部结构端部处衬砌断面应设防震缝。

3 在满足桥梁施工吊装或支模空间的要求下，桥梁上部结构与隧道结构横向预留间距宜大于20cm，中间宜用橡胶垫或其他弹性衬垫隔开。

**9.4.9** 对于小净距隧道，当抗震设防措施等级为三级时，最小净距宜大于1倍开挖断面宽度；当抗震设防措施等级为四级时，最小净距宜大于1.5倍开挖断面宽度。如中夹岩软弱破碎，宜对中夹岩注浆加固，提高抗震能力。

**9.4.10** 连拱隧道宜选择复合式中墙形式，还应根据地震烈度、地质条件等扩大中墙基础断面和增加嵌固深度，增强其抗震稳定性。

**9.4.11** 隧道位于液化土层时，应采取下列措施：
1 对液化土层采取注浆加固和换填等措施，消除或减轻场地液化影响。
2 如不能确保消除或减轻场地液化影响，应对衬砌进行抗浮设计，如设置抗拔桩和（或）配置压重等。
3 隧道基础为夹薄层液化土时，可不做抗液化处理，但其承载力及抗浮稳定性验算应考虑由土层液化引起的土压力增加及摩阻力降低等影响。

**9.4.12** 明洞衬砌应采用钢筋混凝土结构，基础应置于稳定地基上；明洞边墙背后应采用浆砌片石或素混凝土回填，并应在明暗交界面设置环向防震缝；地层存在偏压时应设置抗偏压挡墙。

**9.4.13** 洞口存在落石危险时，应在明洞洞顶敷设抗落石冲击缓冲层，并应适当接长明洞。

## 9.5 特殊结构隧道抗震设计

**9.5.1** 棚洞抗震计算应符合下列规定：
1 顶梁地震力应考虑填土及梁的水平地震力及竖向地震力。
2 内边墙（临山侧）应按承受山体土压力荷载、土体产生的地震荷载、顶梁传来的全部水平及竖向荷载进行设计。
3 土压力计算应符合本规范附录A的规定。
4 外边墙或柱（临空侧）的地震力应考虑由顶梁传来的全部水平及竖向荷载。
5 采用框架结构的整体棚洞，应考虑结构的自重及自重引起的地震力、土压力荷载及土体产生的地震荷载。

**9.5.2** 棚洞抗震设防措施应符合下列规定：
1 棚洞宜优先采用整体式结构，采用装配式结构时应采取加强结构连接等提高结构整体性的构造措施，棚式明洞应采取防止落梁措施。

2 棚洞采用预制 T 形顶梁或 H 形梁结构时，应采用与梁翼等宽的垂榫嵌固于内边墙的钢筋混凝土顶帽凹槽内。就地灌注的顶梁，应用钢筋与内边墙顶帽作柔性连接。

3 内边墙钢筋混凝土顶帽宜锚固于边坡基岩中，已成路堑内边墙后修建空腹结构物时，宜将锚杆通过空腹结构物锚固于边坡基岩中。

4 对于钢架式棚洞，立柱基底埋置在路面以下大于 3m 时，应设置钢筋混凝土纵撑和横撑；埋深超过 10m 时，应另行验算。

5 采用半明半暗式棚洞时，外侧护拱应锚固于边坡基岩中，偏压挡墙与明洞衬砌宜采用分离式，挡墙和明洞背后的间隙宜采用浆砌片石或素混凝土回填密实。

6 抗震设防地震动分档为 $0.20g$ 及以上的地区，不宜采用悬臂式棚洞。

7 震后频繁塌方、滑坡、飞石的路段，抢通阶段可采用钢棚洞或钢桁架式棚洞，采用钢管作为立柱，型钢为横梁，顶板应考虑抵御飞石冲击的能力且横向宜有一定的坡度。在恢复重建阶段可拆除，重建永久性构造物或评估、加固后方可继续投入使用。

8 棚洞结构的立柱及结点的钢筋构造措施宜参照现行《建筑抗震设计规范》（GB 50011）执行。

**9.5.3** 半隧道结构抗震计算应符合下列规定：

1 半隧道结构应考虑结构的自重及自重引起的地震惯性力、上部及内侧土压力、上覆土体及内侧土体产生的地震作用。

2 土压力计算应符合本规范附录 A 的规定。

3 荷载计算宜参照本规范中明洞和棚洞的相应规定执行。

**9.5.4** 半隧道抗震设防措施应符合下列规定：

1 高切坡半隧道宜设置坡面预应力锚索和拱顶仰斜预应力锚索。

2 边墙钢筋混凝土顶帽宜锚固于边坡基岩中，边墙中宜设置锚索。

3 外侧立柱、顶梁及结点的钢筋构造措施宜参照现行《建筑抗震设计规范》（GB 50011）执行。

# 10 盾构隧道

## 10.1 一般规定

**10.1.1** 盾构隧道抗震设计应根据隧道设防类别、设防标准、设计地震动参数和实际工程地质条件进行，按本规范第3.3.2条确定抗震设计方法。

**10.1.2** 抗震设防地震动分档0.2$g$及以上地区的大直径盾构隧道宜采用多种方法进行对比计算，必要时可采用振动台试验等手段进行验证。

**10.1.3** 盾构隧道宜建在密实、均匀、稳定的地基上，选址时应合理绕避不良地质地段及地层，无法避开时，应采取可靠的处理措施。

**10.1.4** 盾构隧道抗震计算宜选用反应位移法，也可采用时程分析法。

**10.1.5** 盾构隧道抗震验算应包括管片结构、管片接头、横通道连接处、盾构工作井或通风井连接处等特殊部位的强度、变形验算以及地层稳定验算。

## 10.2 地震反应计算

**10.2.1** 盾构隧道抗震计算内容及计算方法应符合下列规定：
 1 盾构隧道应根据地层条件和结构特征选取有代表性的隧道横断面进行横向抗震计算，计算时可采用横向反应位移法或时程分析法。
 2 盾构隧道应进行纵向抗震计算，一般区段宜采用纵向反应位移法；对穿越复杂地形、地质段的盾构隧道，可采用纵向广义反应位移法或时程分析法进行纵向抗震计算。
 3 盾构隧道横通道连接处、工作井或通风井连接处等结构形式变化较大、空间效应显著的区段，宜采用三维模型时程分析法进行抗震计算。

**10.2.2** 盾构隧道横向抗震计算可采用横向等效刚度梁模型或梁-弹簧模型，纵向抗震计算可采用纵向等效刚度梁模型或梁-弹簧模型，具体模型化处理方式应符合下列规定：

1 横向等效刚度梁模型中，宜将环向接头与管片作为整体，通过刚度折减系数表征环向接头对衬砌环的刚度折减，把管片环简化为等效刚度圆环梁，周围土体可采用地层弹簧模拟；横断面梁-弹簧模型中，管片可用梁单元模拟，环向接头可用弹性铰模拟，周围土体可用地层弹簧模拟；需模拟管片错缝拼装及考虑纵向接头影响时，可选取纵向2环或3环梁-弹簧模型进行内力计算，此时纵向接头可采用剪切弹簧模拟。

2 纵向等效刚度梁模型中，宜把纵向接头与管片环作为整体，将隧道结构沿纵向简化为一根等效刚度梁，等效刚度梁的拉、压和弯曲刚度可通过纵向变形一致条件求出，周围土体可采用地层弹簧模拟；纵向梁-弹簧模型中，管片环可采用梁单元模拟，纵向接头可采用回转、拉压、剪切弹簧模拟，周围土体可采用地层弹簧模拟。

3 施作了二次衬砌的盾构隧道，抗震计算应考虑二次衬砌的作用。计算模型中，二次衬砌可采用梁单元模拟，二次衬砌和管片环之间的相互作用可采用弹簧单元模拟。

4 对设有行车道板、烟道板等内部结构的盾构隧道，抗震计算还应考虑内部结构的影响。

## 10.3 抗震验算

**10.3.1** 盾构隧道应对管片结构、接头构造、横通道连接处、盾构工作井或通风井连接处进行强度或变形验算；对设有二次衬砌的盾构隧道，应验算二次衬砌的强度或变形；对穿越液化地层的盾构隧道，应按本规范第8.5节的规定验算隧道抗浮稳定性。

**10.3.2** 盾构隧道抗震验算应按本规范第8章的规定采用分项安全系数法。

**10.3.3** 盾构管片接头构造及隧道与横通道、工作井或通风井等部位连接处总变形量不应大于满足防水密封垫水密性要求的允许值，连接处钢筋或螺栓变形应小于屈服变形。

## 10.4 抗震措施

**10.4.1** 盾构隧道抗震措施应包括提高盾构隧道结构自身抗震性能的抗震措施和减少地层传递至隧道结构地震能量的减震措施。

**10.4.2** 盾构隧道抗震设防措施等级为二级时，纵向宜采用直螺栓、加长接头螺栓长度等，使盾构隧道管片和接头保持适当刚度，并应加强防水处理。

**10.4.3** 盾构隧道抗震设防措施等级为三级时，除应采取本规范第10.4.2条规定的措施外，还应采取在连接处设置适应大变形的止水带或止水垫圈、纵向接头螺栓配置弹性垫圈等措施；局部区域可采用可挠性管片环或钢管片环等方案。

**10.4.4** 根据抗震要求可在盾构隧道与地层之间设置隔震层。施工时可采用剪切刚度较小的壁后注浆材料代替常规使用的壁后注浆材料。

**10.4.5** 应根据场地可能液化的范围，采取下列抗液化措施：
1 在隧道局部或全长设置二次衬砌。
2 增加上覆土层厚度。
3 增大管片衬砌整体纵向抗弯刚度。
4 采用挤密加密法、注浆加密法等进行地层加固，加固后地层应符合本规范第4.4.7条的相关规定。
5 采取砂井、减压井、排水桩等措施处理液化地层，减小孔隙水压力。
6 特殊情况应开展专门研究。

# 11 沉管隧道

## 11.1 一般规定

**11.1.1** 沉管隧道抗震设计应依据工程场地地震安全性评价报告,选用合适的抗震计算方法开展横向与纵向、整体与局部的抗震计算,必要时宜开展振动台试验进行验证。

**11.1.2** 沉管隧道应布置在水下基床稳定、有利于抗震的地段。沉管段和两端洞口应避免设置在可能引起震陷、液化、滑坡等地质灾害的地段。

**11.1.3** 沉管隧道抗震设防标准应按表11.1.3的要求确定。

**表11.1.3 沉管隧道抗震设防标准**

| 抗震设防类别 | 抗震设防地震动水准 | 构件类别 | 结构性能要求 | 受力状态 | 基础及回填 |
|---|---|---|---|---|---|
| A | E1 地震作用 | 管体结构 | 性能要求1 | 弹性 | 不液化 |
| | | 剪力键、减震构件 | 性能要求1 | 弹性 | |
| | | 止水带等附属构件 | 性能要求1 | 弹性 | |
| | E2 地震作用 | 管体结构、剪力键 | 性能要求1 | 弹性 | 轻微液化 |
| | | 减震构件 | 性能要求2 | 局部弹塑性 | |
| | | 止水带等附属构件 | 性能要求2 | 局部弹塑性 | |

**11.1.4** 沉管隧道设计应选用抗震性能良好的运营维护设备与设施。对风机等运营维护设施还应进行抗震验算。

## 11.2 地震反应计算

**11.2.1** 沉管隧道管节结构、地基与基础的地震反应计算应符合下列规定:
1 管节横断面、地基与基础计算宜采用二维模型,纵向抗震计算可用二维或三维模型,局部计算宜采用三维模型。
2 前期研究和方案设计阶段,可建立集地基、回填材料与沉管结构于一体的简化模型进行地震动力响应分析。

3 方案稳定后进入设计阶段，应建立整体与局部精细模型进行地震动力响应分析，同时宜进行多种计算方法或模型试验的对比验证。

**11.2.2** 沉管隧道地震反应计算方法的选用应符合下列规定：
1 沉管隧道结构安全性及周围地层稳定性的地震反应计算，宜采用静力法、反应位移法或动力时程分析法。
2 沉管隧道纵向地震反应计算宜采用动力时程分析法。
3 地震工况下通风塔结构稳定性及地基基础的承载能力与变形特性计算，宜采用反应位移法。

**11.2.3** 沉管隧道地震反应分析模型应符合下列规定：
1 应建立包括沉管段和陆上明作段的整体模型进行地震反应计算。
2 整座隧道与周围土体宜简化为梁-质点-弹簧模型，结合有限元法求出地震工况下纵向拉压、纵弯时的结构内力及接头的相对位移。
3 应对地层和荷载变化大的区段对应管节之间的接头、管节与暗埋段之间的接头及露出既有河床或海床面管节的接头张开或压缩及扭转角进行重点分析。

**11.2.4** 采用静力法进行隧道横向抗震计算时，宜将沉管横断面简化为弹性地基上的平面框架模型，计算方法可按本规范附录 A 执行。

**11.2.5** 采用反应位移法进行抗震计算时，沉管结构承受的地震作用应主要考虑地层相对位移、结构惯性力、周围土层剪力，计算方法可按本规范附录 B 执行。

**11.2.6** 沉管隧道抗震计算常用的材料本构模型宜按表 11.2.6 选用。

表 11.2.6 沉管隧道抗震计算常用的材料本构模型

| 项 目 | 材 料 名 称 | 本 构 模 型 |
| --- | --- | --- |
| 管节结构 | 钢筋混凝土、钢-混组合结构 | 线弹性模型 |
| 钢筋混凝土剪力键 | 钢筋混凝土 | 弹塑性模型 |
| 钢剪力键、限位拉杆 | 碳素结构钢 | 弹塑性模型 |
| GINA、OMEGA、可注浆式止水带 | 橡胶 | Mooney-Rivlin 模型 |
| 预应力锚束 | 高强低松弛钢绞线 | 弹簧模型 |
| 地基、基础垫层与回填砂石料、防护层等 | 岩土体 | Mohr-Coulomb、Hardening Soil、Druck-Prager 等 |

## 11.3 抗震验算

**11.3.1** 沉管隧道抗震验算应符合下列规定：
1 应通过纵向受力及位移验算，合理确定管节长度、接头位置与构造、通风井位置。
2 应对 E1 地震作用下正常使用极限状态短期与长期效应组合、E2 地震作用下承载能力极限状态偶然组合等荷载最不利工况组合进行校核。

**11.3.2** 管节结构强度的横向抗震验算应符合本规范第8.2节的相关规定，还应对沉管结构横向抗滑移、管节受力变形的安全性进行抗震验算。

**11.3.3** 应对沉管隧道底部地基承载力、基槽周围原状土层、底部垫层与地基土层、顶部回填覆盖与防护层的液化趋势、沉陷性等进行抗震验算。

**11.3.4** 沉管隧道与通风塔等附属物采用桩基础时，抗震验算应考虑地震作用下桩基与管节之间的相互作用。桩基础的水平及竖向承载力、水平位移等抗震验算宜参照现行《建筑抗震设计规范》（GB 50011）与《建筑桩基技术规范》（JGJ 94）执行。

**11.3.5** 管节结构与接头的纵向抗震验算应符合下列规定：
1 应验算E1、E2地震作用下，冬季降温工况及夏季升温工况时沉管隧道的地震动力响应，还应考虑温度变化、混凝土干缩等引起的接头内力变化，以及隧道内温度变化和地基不均匀沉降引起的接头叠加地震响应内力。
2 长度超过1 000m的沉管隧道可选用多点一致激励或非一致激励的方法进行纵向地震动力响应分析，同时宜开展振动台试验进行验证。
3 进行沉管隧道纵向动力分析时，应按接头止水带施工期和运营期最大、最小接头压力确定接头连接单元的力-变形特性，必要时宜通过专门试验获取相关参数。E2地震作用下，偶然组合工况下止水带密水安全系数不得低于1.25。
4 接头剪力键应进行抗剪承载力验算。

**11.3.6** 沉管隧道抗震验算应满足E1、E2地震作用下结构强度、位移、稳定性等控制指标。缺少工程数据时，接头位移控制指标可按表11.3.6选用。

**表11.3.6　沉管隧道接头位移控制指标**

| 序号 | 项目 | E1地震作用 | E2地震作用 |
|---|---|---|---|
| 1 | 管节接头张合量（mm） | [+20，-20] | [+40，-40] |
| 2 | 接头最大相对位移（mm） | [+5，-5] | [+10，-10] |
| 3 | 接头最大相对转角（rad） | [-1，+1]×$10^{-3}$ | [-3，+3]×$10^{-3}$ |

注：1. 本表仅列出管节之间的接头位移计算指标值，包括隧道轴向张开或压缩位移、竖向相对位移、横向相对位移，具体工程的控制指标应结合专项计算结果合理确定。
2. 由于具体工程地层分布与性质差异等因素，地震导致沉管隧道接头发生的位移普遍小于计算值，表中数值考虑水压、温度等变化带来的静力位移和地震工况下的动态位移叠加。
3. 对沉管段与暗埋段之间、软硬地层交界处等接头部位或地震动峰值加速度0.15$g$及以上强震区的局部区段依据抗震计算结果，可选用能够承受大变形量的特别接头构造，但鉴于目前国内缺乏实例，本表不包含此类接头位移量。
4. 管节接头相对转角主要受其周围土体刚度控制，常常取不同的地基刚度组合进行抗震验算。
5. 接头张合量、相对位移及转角与接头的构造尺寸、地基及水深条件等有关，具体工程应结合实际情况对表中指标值进行修正后使用。

## 11.4 抗震措施

**11.4.1** 抗震设防措施等级为一级时，沉管隧道设计应适当提高接头的构造特性和止水带的密水特性。

**11.4.2** 抗震设防措施等级为二级时，沉管隧道设计的抗震措施应符合下列规定：

1 宜提高沉管结构混凝土强度等级，减薄构件厚度，加大截面配筋率，增加钢筋直径，合理布置钢筋，采取钢剪力键，加大剪力键受剪面，增设剪力销等，以提高管节结构的抗挤压、错动和扭转的能力。管节结构配筋、剪力销和剪力键不得采用硬钢。

2 位于软基的沉管隧道应选用柔性接头，位于硬质地基的沉管隧道可选用刚性或半刚性接头。

3 对于纵向地震响应较大的沉管隧道，宜在预制管节接头处配设钢筋并最终浇筑为刚性接头。

4 沉管段与岸上段的连接处宜采用纵、横向限位量较大的抗震接头和限位索装置。

5 沉管段应采用换填、桩基等方式进行地基处理，以避免出现大面积液化震陷现象。暗埋段建筑和洞口建筑宜采用独立基础。

6 管节顶部及两侧回填覆盖层、防护层、防撞结构等不得采用粉细砂和颗粒均匀的中砂等作为回填料，回填料宜具有较好的级配及反滤要求，避免发生地震液化或管节上浮。暗埋段隧道顶部可采用轻质回填材料。

**11.4.3** 抗震设防措施等级为三、四级时，沉管隧道设计应通过专项研究确定管节结构抗震构造和工程措施。

# 12 明挖隧道

## 12.1 一般规定

**12.1.1** 明挖隧道宜建造在密实、均匀、稳定的地基上，选址宜避开不良地质地段。当处于软弱土、液化土或者断层破碎带等不利地段时，应分析其对隧道结构抗震稳定性的影响，并采取相应措施。

**12.1.2** 明挖隧道抗震计算方法应按本规范第6章相关规定执行。

**12.1.3** 明挖隧道抗震验算应包括结构强度、变形和稳定性验算。

**12.1.4** 明挖隧道所处地层中含有可液化土层时，应分析液化土层对结构受力和稳定产生的影响，并提出液化处治措施。

**12.1.5** 明挖隧道回填材料、质量等应满足抗震相关要求。

## 12.2 地震反应计算

**12.2.1** 应根据抗震设防类别、设防标准及性能要求，并结合工程环境、地质条件等因素选择合理的抗震计算方法，并应满足下列要求：
1 周围地层分布均匀、断面形状标准、规则且无突变的明挖结构，可按平面应变问题分析，土质地层中断面抗震计算宜采用静力法或反应位移法计算；地质条件或结构形式复杂时，可采用时程分析法。
2 隧道纵向地层条件变化较大时，可采用纵向反应位移法或时程分析法进行纵向抗震计算。
3 隧道断面形状变化较大或隧道与相邻建、构筑物构成整体时，宜采用三维动力时程分析法计算。
4 围护结构与主体结构连接为整体结构时，可与主体结构共同计算；对于围护结构与结构主体没有连接或连接薄弱情况，可将围护结构与主体结构分开计算。

**12.2.2** 明挖隧道地震反应计算时，采用的地震作用应符合下列规定：
1 可仅考虑沿结构横断面的水平地震作用。
2 建筑布置不规则、形状变化较大的复杂结构形式，纵向地层分布有突变等的非均匀地层，尚宜考虑沿结构纵向的水平地震作用。
3 埋深变化较大，或基底地质条件变化较大的局部区段，或抗震设防地震动分档为 0.15$g$ 及以上地区的明挖法隧道，尚宜考虑竖向地震作用。

## 12.3 抗震验算

**12.3.1** 明挖隧道应按照地震作用组合计算地震作用下结构效应值，并根据性能要求对结构强度、变形或稳定性进行验算。

**12.3.2** 抗震性能要求 1 时，应进行 E1 地震作用下截面承载力的抗震验算。

**12.3.3** 抗震性能要求 2 或 3 时，应按 E2 地震作用进行结构整体变形性能验算，其相应参数和计算模型应适应弹塑性阶段计算要求。

**12.3.4** 明挖隧道结构处于液化地基中时，应检验地层液化时的抗浮稳定性。液化土层对地下连续墙等围护结构和抗拔桩等的摩阻力，宜根据由实测液化强度比确定的液化影响折减系数算得。

**12.3.5** 对于围护结构作为主体结构一部分的明挖隧道，抗浮稳定性验算应考虑围护结构的抗浮作用。

## 12.4 抗震措施

**12.4.1** 明挖隧道抗震设防措施等级为一级或二级时，其构造要求除应满足现行《混凝土结构设计规范》（GB 50010）的相关规定外，还应符合下列规定：
1 明挖隧道结构各构件应有充分的变形性能和韧性，从而使其在周围地层的剪切变形作用下具有良好的抗震响应能力。
2 明挖隧道主体部分宜采用现浇结构。当部分采用装配式构件时，装配式构件应与周围构件有可靠的联结。
3 地下钢筋混凝土框架结构构件的最小尺寸，应不低于同类地面结构构件的尺寸规定。
4 应根据结构形状、施工方法、施工环境等综合确定其防排水措施。

**12.4.2** 明挖隧道抗震设防措施等级为三级时，其中柱、顶板和底板设计应符合下列规定：

1 中柱的纵向钢筋最小总配筋率应增加0.2%。中柱与梁或顶板、底板的连接处应满足柱箍筋加密区的构造要求，箍筋加密区范围与抗震等级相同的地面结构柱构件相同。

2 顶、底板宜采用梁板结构。采用板柱-墙结构时，宜在柱上板带中设构造暗梁，其构造要求与同类地面结构的相应构件相同。

3 对地下连续墙的叠合墙体，顶板、底板的负弯矩钢筋至少应有50%锚入地下连续墙，锚入长度按受力计算确定；正弯矩钢筋应锚入内衬，并均不应小于规定的锚固长度。

4 隔板开孔时，孔洞宽度不应大于该隔板宽度的30%。洞口的布置宜使结构质量和刚度的分布较均匀、对称，避免局部突变。孔洞周围应设置满足构造要求的边梁或暗梁。

**12.4.3** 明挖隧道抗震设防措施等级为一级时，钢筋的构造要求可按现行《混凝土结构设计规范》（GB 50010）中的抗震规定执行。明挖隧道抗震设防措施等级为二级或三级时，除应符合上述规定外，尚应符合下列规定：

1 纵向钢筋原则宜通长设置，需要搭接时，可采用焊接或机械连接。

2 横向钢筋宜采用闭合箍筋或螺旋式箍筋。横向钢筋的间隔距离应小于纵向钢筋直径的12倍以及断面最小尺寸的1/2。

3 矩形断面设置箍筋时，当其一边的长度大于箍筋直径的48倍时，应在其中间位置加设箍筋。

4 箍筋需要搭接时，其接头位置必须采用能完全传递受力的搭接形式，并做到不影响箍筋的整体强度。另外，接头位置不得集中于某一特定方向，应错位设置。

**12.4.4** 明挖隧道结构穿过地震时岸坡可能滑动的古河道，或可能发生明显不均匀沉陷的地基时，应采取更换软弱土或设置桩基础等措施。

**12.4.5** 明挖隧道应避免穿越可能发生液化的地层。绕避不开时，应分析液化对结构安全及稳定性的不利影响，并采取下列构造措施：

1 对液化土层采取注浆加固和换土等措施，以消除或减小场地液化的可能性。

2 对周围土体和地基中存在的液化土层未采取措施消除或减小其液化的可能性时，应考虑其上浮的可能性，并在必要时对其采取增设抗拔桩和（或）配置压重等抗浮措施。

3 明挖隧道结构与薄层液化土夹层相交，或施工中采用深度大于20m的地下连续墙围护结构的明挖隧道结构遇到液化土层时，其液化处理范围规定可仅对下卧层进行处理，围护结构外侧土体可不做处理，但承载力及抗浮稳定性的验算应考虑由土层液化引起的土压力增加及摩阻力降低等因素的影响。

# 13 隧道洞门

## 13.1 一般规定

**13.1.1** 隧道宜选择明洞式洞门或钢筋混凝土洞门，并宜正交设置。

**13.1.2** 隧道洞门设计宜减少对山体的扰动，应采取措施控制边仰坡高度。

**13.1.3** 洞口地形较陡或边仰坡欠稳定时，宜采取接长明洞、适当增加明洞回填土厚度、设置主动或被动防护网等措施，防止落石撞击明洞。

## 13.2 地震反应计算及验算

**13.2.1** 洞门地震反应计算宜采用静力法。

**13.2.2** 明洞式洞门强度验算与明洞结构相同，应按本规范第9.3节相关规定进行。墙式洞门地震反应计算应按本规范附录A.3节进行，抗震验算应按本规范第8.4节进行。

**13.2.3** 钢筋混凝土洞门强度验算应符合本规范第8.2节的相关规定。

## 13.3 抗震措施

**13.3.1** 有抗震设防要求的洞门，建筑材料应不低于表7.2.1的要求。

**13.3.2** 明洞式洞门抗震措施应符合下列规定：
1 宜控制回填仰坡坡率。隧道抗震设防措施等级为二级时，仰坡坡率不宜大于1:1.25；隧道抗震设防措施等级为二级以上时，仰坡坡率不宜大于1:1.5。
2 明洞边墙两侧应采用浆砌片石、片石混凝土或素混凝土回填。隧道抗震设防措施等级为三、四级时，两侧回填高度不宜小于7m。
3 应合理选用明洞洞顶上方回填材料。

**13.3.3** 墙式洞门抗震措施应符合下列规定：

1 洞门墙墙身最小厚度不应小于0.8m，墙顶应高出墙背回填面不小于1.0m。

2 洞门墙与衬砌应采用钢筋连接，连接钢筋直径宜与衬砌主筋相同。隧道抗震设防措施等级为二级时，连接钢筋环向布置间距应不大于25cm；隧道抗震设防措施等级为三级时，连接钢筋环向布置间距应不大于20cm；隧道抗震设防措施等级为四级时，连接钢筋环向布置间距应不大于15cm。

3 洞门墙基础应置于稳固地基上，地基承载力应不小于300kPa。对于岩石地基，洞门墙基础嵌固深度应不小于0.5m；对于土质地基，嵌固深度应不小于1.2m。

4 洞门墙较宽或地基条件有明显变化时，应设置防震缝，防震缝宜与沉降缝共同设置，其间距应不大于10m。

# 附录 A 静力法

## A.1 修正静力法

**A.1.1** 采用静力法计算时,地震作用应包括衬砌自重地震惯性力、上覆土柱地震惯性力、地震侧向土压力增量三部分(图 A.1.1)。

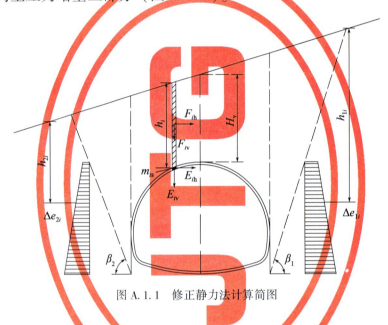

图 A.1.1 修正静力法计算简图

**A.1.2** 衬砌自重的水平向和竖向地震作用应分别按式(A.1.2-1)和式(A.1.2-2)计算。

$$E_{ih} = A_h m_{is} = C_i C_s A m_{is} \qquad (A.1.2-1)$$

$$E_{iv} = K_v A_h m_{is} = K_v C_i C_s A m_{is} \qquad (A.1.2-2)$$

式中:$C_i$——抗震重要性系数,按本规范表 3.1.5 取值;

$C_s$——场地地震动峰值加速度调整系数,按本规范表 5.2.1 取值;

$A$——水平基本地震动加速度峰值;

$m_{is}$——隧道衬砌计算点的质量(kg);

$K_v$——竖向地震动峰值加速度与水平向峰值加速度的比值,按本规范表 5.3.1 取值。

**A.1.3** 上覆土柱地震惯性力计算中假定其作用于土柱单元质心(图 A.1.1),其值应按式（A.1.3-1）～式（A.1.3-3）计算。计算结构内力时，可采用力的平移定理，将该地震惯性力简化为作用于衬砌上半部的各节点力和节点弯矩。

上覆土柱水平地震作用：

$$F_{ih} = A_h Q_i / g \quad (\text{A.1.3-1})$$

上覆土柱竖向地震作用：

$$F_{iv} = K_v A_h Q_i / g \quad (\text{A.1.3-2})$$

上覆土柱垂直土压力：

$$Q_i = \frac{\gamma}{2}[2h_i B_i (\lambda_1 h_i^2 + \lambda_2 h_i^2) \tan\theta_0] \quad (\text{A.1.3-3})$$

式中：$A_h$——水平向设计地震动峰值加速度，按本规范第5.2.1条计算；

　　　$g$——重力加速度（其值一般取9.8m/s²）；

　　　$\gamma$——围岩重度（kN/m³）；

　　　$h_i$——上覆土柱的高度（m），应根据表A.1.5中洞顶上覆土柱等效计算高度$H_v$确定；

　　　$B_i$——上覆土柱宽度（m）；

　　　$\theta_0$——土柱两侧摩擦角（°）；

　　$\lambda_1$、$\lambda_2$——内、外侧地震时的侧压力系数，此处内、外侧针对偏压隧道而言，内侧为靠山一侧，当地表水平时，两侧均取$\lambda_1$。内、外侧地震时的侧压力系数按式（A.1.3-4）～式（A.1.3-11）计算：

$$\lambda_1 = \frac{(\tan\beta_1 - \tan\varphi_1)(1 - \tan\theta_1 \tan\theta)}{(\tan\beta_1 - \tan\alpha)[1 + \tan\beta_1(\tan\varphi_1 - \tan\theta_1) + \tan\varphi_1 \tan\theta_1]} \quad (\text{A.1.3-4})$$

$$\lambda_2 = \frac{(\tan\beta_2 - \tan\varphi_2)(1 + \tan\theta_2 \tan\theta)}{(\tan\beta_2 + \tan\alpha)[1 + \tan\beta_2(\tan\varphi_2 - \tan\theta_2) + \tan\varphi_2 \tan\theta_2]} \quad (\text{A.1.3-5})$$

$$\tan\beta_1 = \tan\varphi_1 + \sqrt{\frac{(\tan^2\varphi_1 + 1)(\tan\varphi_1 - \tan\alpha)}{(\tan\varphi_1 - \tan\theta_1)}} \quad (\text{A.1.3-6})$$

$$\tan\beta_2 = \tan\varphi_2 + \sqrt{\frac{(\tan^2\varphi_2 + 1)(\tan\varphi_2 + \tan\alpha)}{(\tan\varphi_2 - \tan\theta_2)}} \quad (\text{A.1.3-7})$$

$$\varphi_1 = \varphi_g - \theta \quad (\text{A.1.3-8})$$

$$\varphi_2 = \varphi_g + \theta \quad (\text{A.1.3-9})$$

$$\theta_1 = \theta_0 - \theta \quad (\text{A.1.3-10})$$

$$\theta_2 = \theta_0 + \theta \quad (\text{A.1.3-11})$$

式中：$\varphi_g$——围岩计算摩擦角（°）；

$\theta$——地震角（°），按表 A.1.3 选取；
$\alpha$——地面坡度角（°），地面为平坡时 $\alpha = 0°$；
$\beta_1$、$\beta_2$——内、外侧产生最大推力时的破裂角（°）；
其余符号意义同前。

表 A.1.3　水平基本地震动加速度峰值与地震角对应关系表

| 抗震设防烈度 | | Ⅶ | Ⅷ | Ⅸ |
|---|---|---|---|---|
| 抗震设防地震动峰值加速度分档 $A$（$g$） | | 0.10、0.15 | 0.20 | 0.30 | 0.40 |
| 地震角 $\theta$（°） | 水上 | 1.5 | 3.0 | 4.5 | 6.0 |
| | 水下 | 2.5 | 5.0 | 7.5 | 10.0 |

**A.1.4**　地震时侧向土压力增量应按式（A.1.4-1）和式（A.1.4-2）计算，并以反对称方式施加。

内侧土压力增量：

$$\Delta e_{1i} = C_i C_s \gamma h_{1i} (\lambda_1 - \lambda) \quad (A.1.4\text{-}1)$$

外侧土压力增量：

$$\Delta e_{2i} = C_i C_s \gamma h_{2i} (\lambda_2 - \lambda') \quad (A.1.4\text{-}2)$$

式中：$\lambda$、$\lambda'$——内、外侧常时侧压力系数；
　　　$h_{1i}$、$h_{2i}$——衬砌内、外侧任一点 $i$ 至地表面的距离（m）；
其余符号意义同前。

**A.1.5**　拱顶处上覆土柱等效计算高度（$H_v$）取值应按表 A.1.5 的规定确定。

表 A.1.5　拱顶处上覆土柱等效计算高度（$H_v$）取值

| 围岩级别 | 双车道隧道 | 三车道隧道 |
|---|---|---|
| Ⅰ～Ⅱ | 0.5$B$ | 0.5$B$ |
| Ⅲ | 1.3$B$ | 0.8$B$ |
| Ⅳ | 2.0$B$ | 1.8$B$ |
| Ⅴ | 2.5$B$ | 2.0$B$ |

注：表中 $B$ 为隧道跨度（m）。

## A.2　明洞及棚洞抗震计算

**A.2.1**　明洞及棚洞的抗震计算可采用静力法，地震作用包括衬砌自重地震惯性力、上覆回填土地震惯性力、回填土地震侧向土压力增量三部分（图 A.2.1）。

**A.2.2**　结构自重产生的惯性力 $E_{ih}$ 和 $E_{iv}$ 可按式（A.1.2-1）和式（A.1.2-2）计算。

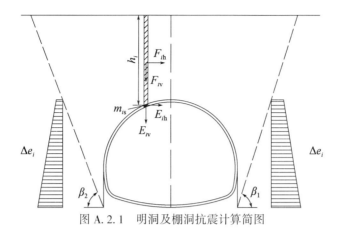

图 A.2.1 明洞及棚洞抗震计算简图

**A.2.3** 洞顶回填土体的地震作用按式（A.2.3-1）和式（A.2.3-2）计算。计算结构内力时，可采用力的平移定理，将回填土体的水平地震作用简化为作用于结构上半部的各节点力和节点弯矩。

洞顶回填土体水平地震作用：

$$F_{ih} = C_i C_s A h_i \gamma / g \quad (A.2.3-1)$$

洞顶回填土体竖向地震作用：

$$F_{iv} = K_v C_i C_s A h_i \gamma / g \quad (A.2.3-2)$$

式中：$h_i$——计算点回填土厚度（m）；
$\gamma$——回填土重度（kN/m³）；
$g$——重力加速度（m/s²）；
其余符号意义同前。

**A.2.4** 侧边回填土体产生的侧压力增量可按式（A.1.4-1）和式（A.1.4-2）计算。

## A.3 端墙式洞门抗震计算

**A.3.1** 隧道洞门在地震作用下的结构内力可按静力法计算。计算时地震作用应考虑洞门墙和洞口挡土墙自重引起的惯性力及地震主（被）动土压力。

**A.3.2** 由洞门墙和洞口挡土墙自重引起的地震惯性力，可按式（A.3.2-1）和式（A.3.2-2）计算。

洞门墙和洞口挡土墙自重引起的水平地震惯性力：

$$E_{ihw} = C_i C_s A \psi_{iw} m_{iw} \quad (A.3.2-1)$$

洞门墙和洞口挡土墙自重引起的竖向地震惯性力：

$$E_{ivw} = K_v C_i C_s A \psi_{iw} m_{iw} \quad (A.3.2-2)$$

式中：$E_{ihw}$——第 $i$ 截面以上墙身重心处的水平地震荷载（kN）；
$E_{ivw}$——第 $i$ 截面以上墙身重心处的竖向地震荷载（kN）；

$m_{iw}$ ——第 $i$ 截面以上墙身质量（kg）；
$\psi_{iw}$ ——水平地震荷载沿墙高的分布系数，可按表 A.3.2 的规定采用；
其余符号意义同前。

表 A.3.2 水平地震荷载沿墙高的分布系数 $\psi_{iw}$

| 墙　　高 | 公　路　等　级 ||
| :---: | :---: | :---: |
| | 高速公路，一、二级公路 | 三、四级公路 |
| $H \leqslant 12\text{m}$ | 1 | 1 |
| $H > 12\text{m}$ | $1 + \dfrac{H_{iw}}{H}$ | 1 |

注：表中 $H$ 为墙趾至墙顶面的高度；$H_{iw}$ 为验算第 $i$ 截面以上墙身重心至墙底的高度，如图 A.3.2 所示。

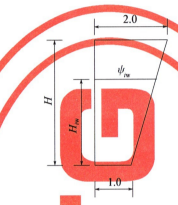

图 A.3.2　$H$、$H_{iw}$ 示意图（尺寸单位：m）

**A.3.3**　作用在洞门墙和洞口挡土墙墙背的地震主动土压力可按式（A.3.3-1）~式（A.3.3-3）计算（参考图 A.3.3）。

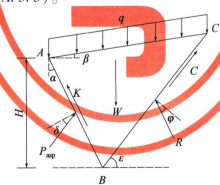

图 A.3.3　地震土压力计算示意图

$$E_{ea} = \left(\frac{1}{2}\gamma H^2 + qH \frac{\cos\alpha}{\cos(\alpha-\beta)}\right)K_a - 2cHK_{ca} \quad (\text{A.3.3-1})$$

$$K_a = \frac{\cos^2(\varphi-\alpha-\theta)}{\cos\theta\cos^2\alpha\cos(\alpha+\delta+\theta)\left[1+\sqrt{\dfrac{\sin(\varphi+\delta)\sin(\varphi-\beta-\theta)}{\cos(\alpha-\beta)\cos(\alpha+\delta+\theta)}}\right]^2} \quad (\text{A.3.3-2})$$

$$K_{ca} = \frac{1-\sin\varphi}{\cos\varphi} \quad (\text{A.3.3-3})$$

式中：$\gamma$——填土重度（$kN/m^3$）；
$H$——洞门墙或洞口挡土墙高（m）；
$q$——滑裂楔体上的均布荷载（kPa）；
$\alpha$——洞门墙或洞口挡土墙背面与竖直方向之间的夹角（°）；
$\beta$——填土表面与水平面的夹角（°）；
$c$——填土的黏聚力系数；
$K_a$——地震主动土压力系数，按式（A.3.3-2）计算；
$K_{ca}$——土体黏聚力产生的主动土压力系数，按式（A.3.3-3）计算；
$\varphi$——填土的内摩擦角（°）；
$\delta$——填土与洞门墙或洞口挡土墙背面的摩擦角（°）；
$\theta$——地震角（°），按表 A.1.3 取值。

**A.3.4** 作用在洞门墙和洞口挡土墙墙背的地震被动土压力可按式（A.3.4-1）～式（A.3.4-3）计算。

$$E_{ep} = \left(\frac{1}{2}\gamma H^2 + qH\frac{\cos\alpha}{\cos(\alpha-\beta)}\right)K_{psp} + 2cHK_{cp} \quad (A.3.4-1)$$

$$K_{psp} = \frac{\cos^2(\varphi+\alpha-\theta)}{\cos\theta\cos^2\alpha\cos(\alpha-\delta+\theta)\left[1+\sqrt{\frac{\sin(\varphi+\delta)\sin(\varphi+\beta-\theta)}{\cos(\delta+\theta-\alpha)\cos(\alpha-\theta)}}\right]^2} \quad (A.3.4-2)$$

$$K_{cp} = \frac{\sin(\varphi-\theta)+\cos\theta}{\cos\theta\cos\varphi} \quad (A.3.4-3)$$

式中：$K_{psp}$——地震被动土压力系数；
$K_{cp}$——土体黏聚力产生的被动土压力系数，由式（A.3.4-3）计算；
其余符号意义同前。

# 附录 B  反应位移法

## B.1  横向反应位移法

**B.1.1**  横向反应位移法中,衬砌结构宜采用梁单元模拟,衬砌与地层的相互作用宜采用压缩弹簧和剪切弹簧模拟(图 B.1.1)。

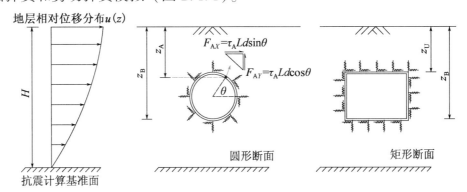

图 B.1.1  横向反应位移法计算示意图

**B.1.2**  横向反应位移法中结构所受地震作用应包括地层相对位移、结构惯性力和周围地层剪力。

1  地层相对位移可按式(B.1.2-1)、式(B.1.2-2)计算:

$$u'(z) = u(z) - u(z_B) \quad (B.1.2\text{-}1)$$

$$u(z) = \frac{1}{2} u_{\max} \cos\left(\frac{\pi z}{2H}\right) \quad (B.1.2\text{-}2)$$

式中:$u'(z)$——深度 $z$ 处与结构底部的自由地层位移差(m);

$u(z)$——深度 $z$ 处自由地层与抗震基准面间的相对位移(m),可根据工程场地的加速度时程计算获得自由场地层的实际位移反应;当地层较均匀时,也可按简化公式(B.1.2-2)求出,地表峰值位移 $u_{\max}$ 按本规范第 5.2.2 条选取;

$u(z_B)$——结构底部深度 $z_B$ 处自由地层与抗震基准面间的相对位移(m),计算方法与 $u(z)$ 相同;

$H$——地表至抗震基准面的土层厚度(m)。

2  由地层剪应力导致的单元 A 处节点力可按式(B.1.2-3)~式(B.1.2-6)计算。

圆形断面周边剪力：

$$F_{AX} = \tau_A L d \sin\theta \qquad (B.1.2\text{-}3)$$

$$F_{AY} = \tau_A L d \cos\theta \qquad (B.1.2\text{-}4)$$

$$\tau_A = \frac{\pi G_D}{4H} u_{max} \sin\left(\frac{\pi z_A}{2H}\right) \qquad (B.1.2\text{-}5)$$

矩形断面侧壁剪应力：

$$\tau_s = \frac{\tau_u + \tau_B}{2} \qquad (B.1.2\text{-}6)$$

式中：$F_{AX}$、$F_{AY}$——作用于 $A$ 点的水平向、竖直向节点力（kN）；

$\tau_A$——点 $A$ 处的剪应力（kPa），宜根据工程场地的加速度时程计算获得，当地层近似水平成层时，也可按式（B.1.2-5）计算；

$L$——地层弹簧的影响长度，取值为相邻两单元长度各取一半之和（m）；

$d$——结构纵向的计算宽度，一般取单位长度（m）；

$\theta$——$A$ 点处的法向与水平向的夹角（图 B.1.1）（°）；

$G_D$——地层动剪切模量（kPa）；

$z_A$——作用点 $A$ 的埋深（m）；

$\tau_u$——矩形结构顶板剪应力，计算方法与 $\tau_A$ 相同（kPa）；

$\tau_B$——矩形结构底板剪应力，计算方法与 $\tau_A$ 相同（kPa）；

其余符号意义同前。

**B.1.3** 地层弹簧刚度可按《城市轨道交通结构抗震设计规范》（GB 50909—2014）第6.6.2条计算。

## B.2 纵向反应位移法

**B.2.1** 采用纵向反应位移法计算时，衬砌结构宜采用梁单元模拟，衬砌与地层相互作用可采用横向地层弹簧和轴向地层弹簧模拟，模型总长度不宜小于一个地震波的波长或取隧道全长（图 B.2.1）。

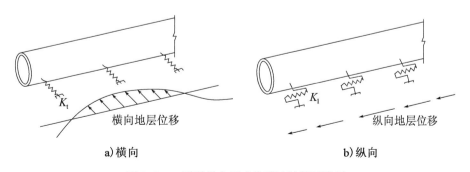

图 B.2.1 隧道纵向反应位移法计算示意图

**B.2.2** 地层近似均匀时，可假定地层沿隧道轴线方向的纵向位移 $u_A$ 及与隧道轴线垂直方向的横向位移 $u_T$ 均按正弦规律分布（图 B.2.2）。地层纵向位移及横向位移可按式（B.2.2-1）~式（B.2.2-6）计算。

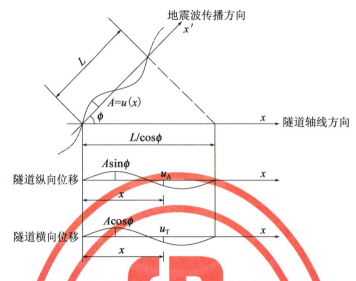

图 B.2.2　纵向反应位移法地层位移分解模型

地层纵向位移：

$$u_A(x,z) = u(z)\sin\phi\sin\left(\frac{2\pi\cos\phi}{L}\cdot x\right) \quad (B.2.2\text{-}1)$$

地层横向位移：

$$u_T(x,z) = u(z)\cos\phi\sin\left(\frac{2\pi\cos\phi}{L}\cdot x\right) \quad (B.2.2\text{-}2)$$

$$L = \frac{2L_1 L_2}{L_1 + L_2} \quad (B.2.2\text{-}3)$$

$$L_1 = V_s T_S \quad (B.2.2\text{-}4)$$

$$L_2 = V_0 T_S \quad (B.2.2\text{-}5)$$

$$T_G = \frac{4H}{V_s} \quad (B.2.2\text{-}6)$$

式中：$u_A(x,z)$——深度 $z$ 处自由地层位移沿隧道纵向的分量（m）；

　　　$u_T(x,z)$——深度 $z$ 处自由地层位移沿隧道横向的分量（m）；

　　　$L$——地层表观波长（m）；

　　　$L_1$——表层地层的剪切波波长（m）；

　　　$L_2$——计算基准面地层剪切波波长（m）；

　　　$V_s$——表层地层的剪切波波速（m/s）；

　　　$V_0$——计算基准面地层的剪切波波速（m/s）；

　　　$T_S$——地层固有周期，计算时取 $1.25T_G$（s）；

　　　$\phi$——地震波的传播方向与盾构隧道轴线的夹角（图 B.2.2）（°）。

**B.2.3** 纵向反应位移法中，地层弹簧刚度可按《城市轨道交通结构抗震设计规范》（GB 50909—2014）第6.8.3条计算。

## B.3 均质地层中圆形盾构隧道反应位移法简化计算公式

**B.3.1** 均匀地层中圆形盾构隧道横断面地震内力可按式（B.3.1-1）～式（B.3.1-4）计算。横向地震内力的正负号应按图B.3.1确定。

$$M(\theta) = \frac{1.3 \times 3\pi E_s I_s}{2RH} U \sin\left(\frac{\pi H_c}{2H}\right) C \sin(2\theta) \quad (\text{B.3.1-1})$$

$$N(\theta) = -\frac{1.3 \times 3\pi E_s I_s}{R^2 H} U \sin\left(\frac{\pi H_c}{2H}\right)\left(1 + \frac{G_D R^3}{6 E_s I_s}\right) C \sin(2\theta) \quad (\text{B.3.1-2})$$

$$Q(\theta) = -\frac{1.3 \times 3\pi E_s I_s}{R^2 H} U \sin\left(\frac{\pi H_c}{2H}\right) C \cos(2\theta) \quad (\text{B.3.1-3})$$

$$C = \frac{4(1-\nu_D) G_D R^3}{(3-2\nu_D) G_D R^3 + 6(3-4\nu_D) E_s I_s} \quad (\text{B.3.1-4})$$

式中：$U$——地表最大相对位移（m），可根据式（B.1.2-2）按$z=0$确定；

$H_c$——地表至隧道中心的距离（m）；

$R$——隧道横断面衬砌中轴线半径（m）；

$E_s$——衬砌弹性模量（kPa）；

$I_s$——衬砌断面惯性矩（m⁴），$I_s = \frac{bt^3}{12}$，其中$b$表示管片幅宽，$t$表示管片厚度；

$\nu_D$——地层的泊松比；

$G_D$——地层动剪切模量（kPa）。

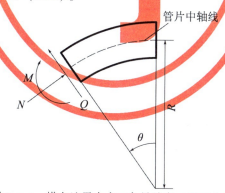

图B.3.1 横向地震内力正负号约定（图示为正）

**B.3.2** 均匀地层中圆形盾构隧道纵向地震内力可按下列公式计算：

1 地震波的传播方向与隧道轴线夹角为45°时，隧道所受轴力最大，最大轴向拉力和轴向压力及相关系数可按式（B.3.2-1）～式（B.3.2-13）计算。

$$N_{T\max} = \beta_T \alpha_C \frac{2\pi U'_{hc}}{L'} (EA)^C_{eq} \quad (\text{B.3.2-1})$$

$$N_{Cmax} = \beta_C \alpha_C \frac{2\pi U'_{hc}}{L'} (EA)_{eq}^C \quad (B.3.2-2)$$

$$\beta_T = \frac{(EA)_{eq}^T}{(EA)_{eq}^C} \frac{\alpha_T}{\alpha_C} \left\{ 1 - \frac{\cos(2\pi\eta/L')}{\cosh(\lambda_T \eta)} \right\} \quad (B.3.2-3)$$

$$\beta_C = 1 + \frac{\cos(2\pi\eta/L')}{\cosh\{\lambda_C(L'/2 - \eta)\}} \quad (B.3.2-4)$$

$$\lambda_T = \sqrt{\frac{K_1}{(EA)_{eq}^T}} \quad (B.3.2-5)$$

$$\lambda_C = \sqrt{\frac{K_1}{(EA)_{eq}^C}} \quad (B.3.2-6)$$

$$\alpha_T = \frac{1}{1 + \left(\frac{2\pi}{\lambda_T L'}\right)^2} \quad (B.3.2-7)$$

$$\alpha_C = \frac{1}{1 + \left(\frac{2\pi}{\lambda_C L'}\right)^2} \quad (B.3.2-8)$$

$$\frac{2\pi}{\lambda_T L'}\alpha_T \tanh(\lambda_T \eta) + \frac{2\pi}{\lambda_C L'}\alpha_C \tanh\left\{\lambda_C\left(\frac{L'}{2} - \eta\right)\right\} = (\alpha_T - \alpha_C)\tan\left(2\pi\frac{\eta}{L'}\right) \quad (B.3.2-9)$$

$$(EA)_{eq}^C = E_s A_s \quad (B.3.2-10)$$

$$(EA)_{eq}^T = \frac{E_s A_s}{1 + \frac{E_s A_s}{l_s K_J}} \quad (B.3.2-11)$$

$$L' = \sqrt{2} L \quad (B.3.2-12)$$

$$K_J = n \times k_j \quad (B.3.2-13)$$

式中：$\beta_T$——拉伸轴力系数；

$\beta_C$——压缩轴力系数；

$K_1$——结构纵向单位长度内纵向地层弹簧刚度（kN/m）；

$\eta$——轴向拉伸或压缩范围（m）；

$L'$——与隧道纵轴呈45°角入射时，地震波沿隧道轴线的波长（m），$L' = \sqrt{2}L$，$L$ 按式（B.2.2-3）计算；

$U'_{hc}$——与隧道纵轴呈45°角入射时，隧道中心处地层的水平相对位移最大值 $U_{hc}$ 在隧道轴向方向的分量（m），即 $U'_{hc} = U_{hc}/\sqrt{2}$，$U_{hc}$ 即式（B.1.2-2）中 $z$ 取隧道中心埋深 $H_c$ 时的值；

$E_s$——衬砌弹性模量（kPa）；

$A_s$——隧道横截面面积（m²）；

$(EA)_{eq}^C$——盾构隧道等效抗压刚度；

$(EA)_{eq}^{T}$——盾构隧道等效抗拉刚度。

2 当地震波的传播方向与隧道轴向一致，即 φ 为 0°时，衬砌结构将产生最大弯矩，最大弯矩及相关系数可按式（B.3.2-14）~式（B.3.2-19）计算。

$$M_{max} = \alpha_M \frac{4\pi^2 U_{hc}}{L^2}(EI)_{eq} \quad \text{(B.3.2-14)}$$

$$\alpha_M = \frac{1}{1+\left(\frac{2\pi}{\lambda_M L}\right)^4} \quad \text{(B.3.2-15)}$$

$$\lambda_M = \sqrt[4]{\frac{K_t}{(EI)_{eq}}} \quad \text{(B.3.2-16)}$$

$$(EI)_{eq} = \frac{\cos^3\varphi}{\cos\varphi + (\pi/2+\varphi)\sin\varphi} E_s I_s \quad \text{(B.3.2-17)}$$

$$\varphi + \cot\varphi = \pi\left(0.5 + \frac{K_J}{E_s A_s/l_s}\right) \quad \text{(B.3.2-18)}$$

$$K_J = n \times k_j \quad \text{(B.3.2-19)}$$

式中：$\alpha_M$——弯矩系数；

$K_t$——结构纵向单位长度内横向地层弹簧刚度（kN/m）；

$I_s$——衬砌环断面惯性矩（m⁴），$I_s = \frac{\pi(D^4-d^4)}{64}$，其中 D 表示隧道外径，d 表示隧道内径；

$(EI)_{eq}$——盾构隧道等效抗弯刚度；

$K_J$——隧道横截面螺栓抗拉刚度（kN/m）；

$k_j$——单个螺栓的抗拉刚度（kN/m）；

$n$——横截面螺栓的个数；

$l_s$——衬砌环宽度（m）；

其余符号意义同前。

## B.4 广义反应位移法

**B.4.1** 隧道结构处于非均匀地层中或具有工程场地加速度时程且计算精度要求较高时，采用广义反应位移法。

**B.4.2** 在隧道横断面方向采用广义反应位移法时，应先根据工程场地的加速度时程获取自由场地层中隧道所在位置的实际位移及剪应力响应，再将各时刻结构所在位置的地层位移及剪应力作用于隧道，进行结构横向地震内力计算（图 B.4.2）。

图 B.4.2 广义反应位移法（横向）计算模型

**B.4.3** 在隧道纵向采用广义反应位移法时，应先根据工程场地的加速度时程获取自由场地层中隧道轴线所在位置-时间-地层位移三维时程响应（图 B.4.3-1），再将隧道轴线所在位置处地层位移时程作用于纵向梁-弹簧模型中地层弹簧末端，开展结构纵向地震内力计算（图 B.4.3-2）。

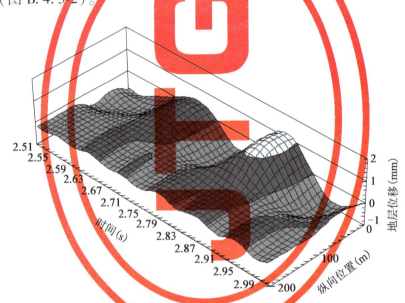

图 B.4.3-1 隧道轴线所在位置-时间-地层位移三维时程响应

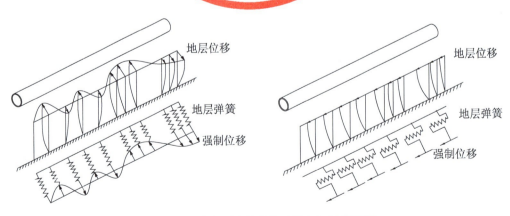

图 B.4.3-2 广义反应位移法（纵向）计算模型

# 附录 C  时程分析法

**C.0.1**  时程分析法可适用于各种地形地质条件、不同结构形式及不同施工方法的隧道抗震计算。采用时程分析法计算时，输入地震动宜取加速度时程，加速度时程选取可参考本规范第 5.4 节的规定进行。

**C.0.2**  隧道沿纵向结构形式连续、规则、横断面构造不变，围岩或土层沿隧道纵向分布一致时，可只进行横断面方向抗震计算，计算可近似按平面应变问题处理。

**C.0.3**  结构形式变化较大，如隧道联络横通道与主隧道结合处、盾构隧道与竖井、通风井连接处等结构交叉部位，以及围岩或土层条件不均匀，地形与地质条件复杂时，应按空间问题进行三维建模求解。

**C.0.4**  模型边界宜采用黏性人工边界或黏弹性人工边界。

**C.0.5**  地层模型的选取范围应遵循下列原则：
1  水平方向结构侧壁至边界的距离至少为 3 倍结构宽度（图 C.0.5-1 ~ 图 C.0.5-3）。
2  竖直方向顶面边界宜取至地表面。隧道埋深特别大时，结构顶部至地表面的距离宜取 3~5 倍结构竖向有效高度，并宜考虑初始地应力场的影响（图 C.0.5-1 ~ 图 C.0.5-3）。
3  地下结构埋深较深，结构与基岩的距离小于 3 倍地下结构竖向有效高度时，计算模型底面边界宜取至基岩面（图 C.0.5-2）。
4  地下结构埋深嵌入基岩时，计算模型底面边界应取至基岩面以下（图 C.0.5-3）。

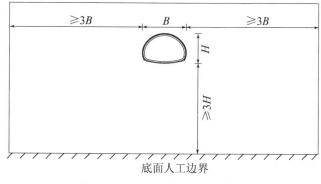

图 C.0.5-1  一般的人工边界条件

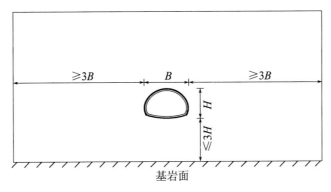

图 C.0.5-2 埋深较深时计算模型

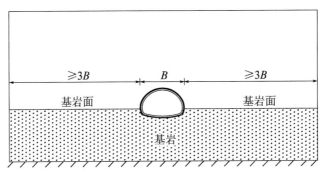

图 C.0.5-3 地下结构嵌入基岩时计算模型

**C.0.6** 地震波选取应符合下列规定：

1 选用的地震波数量一般不少于 3 条，可按工程场地类别和设计地震分组选用不少于两组的实际强震记录和一组由地震安全性评价提供的加速度时程曲线。

2 地震波的样本数量少于 3 条时，应取计算结果包络值进行抗震设计。

3 地震波的样本数量大于 7 条时，可取平均值进行抗震设计。

4 应合理确定地震动输入的持续时间。不论采用实际的强震记录还是人工合成的地震动时程，地震动加速度的持续时间可取结构基本自振周期的 5～10 倍。

# 本规范用词用语说明

1 本规范执行严格程度的用词，采取下列写法：
1）表示很严格，非这样做不可的用词，正面词采用"必须"，反面词采用"严禁"；
2）表示严格，在正常情况下均应这样做的用词，正面词采用"应"，反面词采用"不应"或"不得"；
3）表示允许稍有选择，在条件许可时首先应这样做的用词，正面词采用"宜"，反面词采用"不宜"；
4）表示有选择，在一定条件下可以这样做的用词，采用"可"。

2 引用标准的用语采用下列写法：
1）在标准总则中表述与相关标准的关系时，采用"除应符合本规范的规定外，尚应符合国家和行业现行有关标准的规定"。
2）在标准条文及其他规定中，当引用的标准为国家标准和行业标准时，表述为"应符合《××××××》（×××）的有关规定"。
3）当引用本标准中的其他规定时，表述为"应符合本规范第×章的有关规定"、"应符合本规范第×.×节的有关规定"、"应符合本规范第×.×.×条的有关规定"或"应按本规范第×.×.×条的有关规定执行"。

附件

# 《公路隧道抗震设计规范》

(JTG 2232—2019)

条 文 说 明

## 1 总则

**1.0.1** 为了细化《公路工程抗震规范》(JTG B02—2013)(以下简称《抗震规范》)在公路隧道抗震设计方面的规定,满足公路隧道抗震设计工作的需要,在广泛吸收、消化国内外隧道抗震设计方法的基础上,将公路隧道抗震设计的要求和规定单独成册,制定本规范。

**1.0.2** 各等级公路隧道包括:高速公路、一级、二级、三级和四级公路隧道;各类型公路隧道包括:钻爆隧道、盾构隧道、沉管隧道和明挖隧道等。

**1.0.3** "重要性和修复(抢通)难易程度"主要考虑隧道设计年限、结构类型、路网功能、隧道环境等因素。同时需要满足现行《建筑工程抗震设防分类标准》(GB 50223)的规定,并与《抗震规范》中抗震设防分类保持一致。

# 3 基本要求

## 3.1 抗震设防分类和设防标准

**3.1.1** 为了满足我国公路隧道的抗震设防需要，提高抗震设计的可操作性，对公路隧道的抗震设防重要性分类作更加详细的规定。同时，总结汶川地震的经验教训，某些低等级公路隧道对抗震救灾具有举足轻重的作用，是灾区的生命线工程，需要提高抗震设防类别。

**3.1.3** 按照"小震不坏、中震可修、大震不倒"的抗震总体设防目标，考虑与《抗震规范》关于抗震性能目标的延续性和一致性，以及参考国内外隧道抗震设计目标要求，A类隧道在E1地震作用（重现期475年）下不能发生损伤，E2地震作用（重现期约为2 000年）下允许产生有限损伤，地震后能维持正常交通通行；B类隧道在E1地震作用（重现期75年）下不发生损伤，E2地震作用（重现期约为1 000年）下允许产生有限损伤，地震后能维持正常交通通行；C类隧道在E1地震作用（重现期50年）下不发生损伤，E2地震作用（重现期约为475年）下不发生局部或整体坍塌；D类隧道在E1地震作用（重现期30年）下不发生损伤。

**3.1.5** 为了在《抗震规范》采用的一阶段弹性抗震设计基础上进一步考虑结构的塑性变形性能需求，本规范增加了E2地震作用下的第二阶段弹塑性抗震设计，对于沉管隧道、盾构隧道以及明挖隧道十分重要。第一阶段E1地震作用设防水平与《抗震规范》是一致的，这一水平经过汶川地震震后调查评估是合理的。

《公路工程抗震设计规范》（JTJ 004—89）规定的设计地震动参数采用"抗震重要性系数"和"综合影响系数"进行调整，本规范将上述两个系数整合成1个系数，即本规范的"抗震重要性系数"，仅采用"抗震重要性系数"来调整设计地震动参数，取消了"综合影响系数"。

B、C、D类的E1地震作用对应的抗震重要性系数分别取0.43、0.34和0.26，对应的设计地震动重现期大体上分别为75年、50年和30年；A类隧道，为保证较高的抗震设防水平，同时参考国内外盾构隧道、明挖隧道以及港珠澳大桥沉管隧道抗震设计，抗震重要性系数取1.0，设计地震动为50年超越概率10%，重现期约为475年。

B、C、D类的E2地震作用对应的重要性系数分别取1.7、1.3和1.0，对应的设计地震动重现期大体上分别为2 000年、1 000年和475年。近年来，国内外大型水下隧道抗震设防标准中对于罕遇地震一般取 50 年超越概率 2%～3%，重现期约为 1 600～2 400 年，但沉管隧道一般采用 100 年超越概率 2%～3%，重现期约为 1 000 年，因此本规范规定 A 类隧道中，沉管隧道重要性系数取 1.3，其他隧道取 1.7。

## 3.2 地震作用

**3.2.1** 开展了专门的工程场地地震安全性评价的隧道，"其各级地震作用"是指：与本规范第 3.1.5 条抗震重要性系数所对应的重现期相同的地震作用。

**3.2.2** 一般情况下，公路隧道抗震设计不需要开展专门的工程场地地震安全性评价工作，地震作用按本规范第 5 章有关规定确定。根据本规范和现行《工程场地地震安全性评价》（GB 17741）的规定需要开展工程场地地震安全性评价的隧道，地震作用的超越概率水平根据隧道的抗震设防目标，按表 3.1.5 中抗震重要性系数所对应的重现期确定。

地震区划图规定的是抗震设防的最低要求，地震安全性评价的结果低于这一要求规定的抗震设防参数时，采用区划图规定的抗震设防参数，保证安全性。

**3.2.3** "设计基本地震加速度"是根据原建设部的建标〔1992〕419 号《关于统一抗震设计规范地面运动加速度设计取值的通知》提出的，本规范称为"Ⅱ类场地基本地震动峰值加速度"，简称 $A$ 值。本规范表 3.2.3 直接引用国标《中国地震动参数区划图》（GB 18306—2015）的表 G.1 和表 F.1。非Ⅱ类场地的地震动峰值加速度与Ⅱ类场地上地震动峰值加速度的换算，按照《中国地震动参数区划图》（GB 18306—2015）的表 E.1 进行。

## 3.3 抗震设计流程

**3.3.2** 为确保隧道结构抗震安全性，同时尽可能减小计算工作量，参照现行国内外相关规范，本规范规定：基本地震动峰值加速度分区值 $0.05g$ 地区的 B 类、C 类和 D 类隧道，可以只进行抗震措施设计；对基本地震动峰值加速度分区值 $0.30g$ 以上（含 $0.30g$）地区的 D 类隧道可以只进行 E1 地震作用下的抗震分析与验算，并满足抗震措施要求；A 类隧道进行 E1 和 E2 地震作用下的抗震分析与验算，并满足抗震措施要求；一般情况下，B 类和 C 类隧道可以根据情况确定是否进行 E1 和 E2 地震作用下的抗震分析与验算，在本规范第 9 章、第 10 章、第 11 章和第 12 章有相应规定。

# 4 隧址、场地和地基

## 4.1 一般规定

**4.1.2** 根据隧道结构的特点，本条给出了隧道工程进行抗震设防时，应对场地与地基进行勘察和评价的内容。这些内容虽各不相同，但又互有交叉，应该根据场地的条件和不同工程的具体情况与要求，进行其中一项或多项工作。采取时程分析法进行抗震计算时，尚应根据设计要求提供土层剖面及土的动剪切模量和阻尼比等参数。

## 4.2 隧址与场地

**4.2.1** 本条规定了隧道埋深、围岩级别与抗震地段类别的关系。一般情况下，处于坚硬、完整岩体中的隧道对抗震是有利的，处于不良地质地段的隧道对抗震是不利的；深埋隧道对抗震是有利的，浅埋隧道对抗震是不利的；相对于洞身隧道结构，洞口、边仰坡对抗震是不利的。因此，综合考虑隧道埋深和隧道地质条件，将不同区段下的隧道抗震地段类别划分为有利、一般、不利和危险4种。

**4.2.2** 关于对隧道结构物抗震有利、一般、不利和危险地段的划分，是借鉴了《建筑抗震设计规范》（GB 50011—2010）的相关规定，针对隧道的洞口、边仰坡的特点，考虑了隧道洞口及边仰坡的地形、斜坡、地层不均匀性等，将隧道场地的地段类别划分为有利、一般、不利和危险的地段。

**4.2.4** 土的类别划分采用了《建筑抗震设计规范》（GB 50011—2010）的规定，将原坚硬土或岩石地区分为岩石场地和坚硬场地或软质岩石两类，进一步细化了土类的表达。

**4.2.7** 采用《建筑抗震设计规范》（GB 50011—2010）的工程场地类别划分方法。《建筑抗震设计规范》以平均剪切波速和覆盖层厚度作为评定指标的双参数分类方法，得到了我国工程界的普遍认同，在使用过程中也提出了一些问题和意见。主要的意见是此分类方案呈阶梯状变化，在分界线附近覆盖层厚度或平均剪切波速稍有变化，场地类别的变化可能导致地震作用的取值差异大。为了弥补场地类别的阶跃，本规范允许在剪切波速和覆盖层厚度数据可靠且处于场地类别分界线附近（相差15%的范围内）的条件下，根据表 5.4.2 借助插值方法确定特征周期值。

**4.2.8** 《建筑抗震设计规范》（GB 50011—2010）中规定了可忽略发震断层错动对地面建筑影响的范围，并规定需要考虑这一影响时，原则上应该采取避开主断裂带措施，并对其避让距离做了明确规定。考虑到隧道结构与地面建筑的不同，对于沉管隧道、明挖隧道和隧道洞口段、边仰坡结构，其避让距离可以沿用《建筑抗震设计规范》（GB 50011—2010）中的规定；对于深、浅埋隧道，由于隐伏断裂与隧道的位置相关，无法由避让距离判定是否可忽略断层错动对隧道结构的影响。

鉴于隧道结构的特殊性，很多情况下隧址是根据交通规划的要求确定的，很难采取避开措施，需要进行专门研究和特殊处理。本规范对断层错动的影响没有给出严格的规定。

## 4.3 地基

**4.3.1** 地基抗震承载力相关规定引用了《抗震规范》的相关规定。在天然地基抗震验算中，对地基土承载力特征值调整系数的规定，主要考虑了地基土在有限次循环动力作用下强度一般较静强度提高和在地震作用下结构可靠度容许有一定程度降低这两个因素。

**4.3.2** 地基基础的抗震验算，一般采用所谓"静力法"。此法假定地震作用如同静力，然后在这种条件下验算地基和基础的承载力和稳定性。所列的公式主要是参考相关规范的规定提出的。

## 4.4 地基液化和软土地基

**4.4.1** 本条规定主要依据液化场地的震害调查结果提出。多数资料表明抗震设防地震动分档为 $0.05g$ 的地区，液化对一般隧道结构物所造成的震害是比较轻的，一般情况下可以不进行液化判别和处理。但对液化沉陷敏感的隧道结构物（如沉管隧道、明挖隧道、山岭隧道及盾构隧道的洞口浅埋段）可按抗震设防地震动分档为 $0.10g$ 的要求进行判别和处理。由于 A 类隧道结构物（包括相当于 A 类隧道结构物的其他特别重要工程）的地震作用要按本地区抗震设防烈度提高一度计算，当为Ⅷ、Ⅸ度时尚应专门进行研究，所以本条相应地规定 A 类工程结构物在抗震设防地震动分档大于或等于 $0.10g$ 的地区应进行专门的液化勘察和处理。

**4.4.2** 饱和松砂和饱和粉土属于可液化土层，这已经被历次地震的震害调查结果所证实。所以对于存在饱和松砂和饱和粉土的地基，除抗震设防地震动分档为 $0.05g$ 的地区外，应进行液化判别。

含砾粒砂土、粉质黏土与粉砂互层土、混砂土可能发生液化，但目前对其液化性能的研究尚不充分，将其液化问题按砂土或粉土处理，也是不合适的，宜进行专门的研究。

**4.4.3** 液化初步判别方法引自《建筑抗震设计规范》（GB 50011—2010）。此方法是根据对新中国成立以来历次大地震的地震区可能液化的土层液化情况进行统计分析得出的，同时也借鉴了国外的研究成果和经验。

对唐山地震区砂土液化的宏观调查表明，震中区为滦河二级阶地，地层年代为晚更新世（$Q_3$）地层，地下水位为 3～4m，表层为 3.0m 左右的黏性土，其下为饱和砂层，在地震烈度Ⅹ度情况下没有发生液化；而在一级阶地及高河漫滩等地分布的地质年代较新的地层，地震烈度虽然只有Ⅶ度和Ⅷ度却发生了大面积的液化；其他震区的河流冲积地层在地质年代较老的地层中也没有发现液化实例。国外学者 Youd 和 Perkins 的研究结果表明，饱和松散的水力冲填土基本会液化，全新世的无黏性土对液化也是敏感的，更新世发生液化的情况很罕见，前更新世发生液化的情况更加罕见。这些结论是根据 1975 年以前世界范围的地震液化资料给出的，并被后来的 1978 年日本的两次地震和 1977 年罗马尼亚地震所证实。

室内试验说明：土的液化强度是随着黏粒含量的增加而提高的。海城、唐山地震现场勘察资料也表明，当黏粒含量达到一定的数值后，就很少发生液化。因此规定，地震动峰值加速度为 0.10$g$（0.15$g$）、0.20$g$（0.30$g$）和 0.40$g$ 地区粉土的黏粒（粒径小于 0.005mm 的颗粒）含量分别不小于 10%、13% 和 16% 时，可判为不液化土。黏粒含量采用六偏磷酸钠作为分散剂测定，如果采用其他分散剂或者其他颗粒分析方法，则应按有关规定换算。

关于利用上覆非液化土层厚度和地下水位深度进行液化初判的界限值，是根据唐山、海城和日本新潟地震地震区的调查结果，并考虑一定的安全系数确定的。对以往的震害调查表明，地下水位较高的情况产生液化的例子较多，对地下水位较低的情况或当地表有较厚的非液化覆盖层时，即使下覆可能液化的土层发生液化，由于上覆有效压力比较大，可以抑止液化的土喷冒出地面，地基也不会因此产生大量的下沉和不均匀沉降。

**4.4.4** 本条主要给出了场地地震液化的进一步判别方法。

汶川地震砂土液化现场考察发现 4 个不同地区的村庄均出现了液化喷水高度达 10m 以上的情况，勘察确认了 20m 以内深处土层液化的真实性。过去的多次大地震中也发现，地面以下 15～20m 的粉细砂层可能发生液化。另外，考虑到隧道结构特殊性，隧道洞门埋深较浅、浅埋隧道，上面覆盖层较薄。因此，地面以下 15～20m 范围内土层的液化，可能引起地下隧道洞门和洞身结构的严重破坏或上浮，对地面以下 20m 土层进行液化判别是非常必要的。

对超过 20m 深度土层的深层土液化问题，目前的研究还不够深入。当隧道结构底面埋深超过 20m 时，对深层土层的液化问题，有必要进行专门研究。

进一步判别时可以采用多种方法进行分析、比较和判断。当有成熟经验时，也可以采用其他液化判别方法。有代表性的方法包括：

（1）NCEER法：即经Youd等修改后的Seed简化方法，是国外目前普遍接受的液化判别方法。

（2）砂土液化概率判别法：陈国兴等（2005）选取国内外25次大地震中344个场地的实测资料，提出以地面峰值加速度为指标并具有概率意义的液化判别方法。

（3）静力触探试验判别法：此方法已纳入《铁路工程抗震设计规范》（GB 50111—2006）。

（4）剪切波速判别法。

（5）动三轴试验判别法。

**4.4.5** 液化等级的划分方法引用了《抗震规范》中的条款。液化等级的划分为液化危害的估计提供了一个简单的方法，可以根据液化等级对场地的喷水冒砂程度、对地下结构物和地面结构物基础的可能损坏做粗略的预估。液化的等级为轻微、中等和严重三级。根据我国百余个液化震害资料，各级液化等级（判别深度15m）下，地面喷水冒砂情况以及对地面结构物的危害程度见表4-1。

表4-1　液化等级和对建筑物相应的危害程度

| 液化等级 | 液化指数（15m） | 地面喷水冒砂情况 | 对结构物的危害程度 |
| --- | --- | --- | --- |
| 轻微 | <5 | 地面无喷水冒砂，或仅在洼地、河边有零星的喷水冒砂点 | 危害性小，一般不至于引起明显的危害 |
| 中等 | 5～15 | 喷水冒砂可能性大，从轻微到严重都有，多数属于中等 | 危害性较大，可造成不均匀沉陷和开裂，有时不均匀沉陷可能达到200mm |
| 严重 | >15 | 一般喷水冒砂都很严重，地面变形很明显 | 危害性大，不均匀沉陷可能大于200mm，高重心结构可能会出现不允许的倾斜 |

**4.4.7** 抗液化措施是对液化地基的综合治理。要注意以下几点：

（1）判定为发生液化的土层，如果采取抗液化措施，则不必根据其液化程度对土的参数进行修正。因为土已经过抗液化处理，不可能液化，其土性参数也不再是液化时的土性参数。

（2）本条规定不宜将未经处理的可液化土层作为天然地基持力层。理论分析和振动台试验均已证明液化的主要危害来自基础外侧，液化持力层范围内位于基础直下方的部位其实最难液化，由于最先液化区域对基础直下方未液化部分的影响，使之失去侧边土压力支持。在外侧易液化区的影响得到控制的情况下，轻微液化的土层是可以作为基础持力层的。并且震害调查与有限元分析显示，当基础宽度与液化层厚之比大于3时，液化震陷不超过液化层厚的1%，不致引起结构严重破坏。所以将轻微和中等液化的土层作为持力层不是绝对不允许，但需经过严密的论证。

（3）倾斜场地的土层液化往往带来大面积土体滑动，造成严重后果，而水平场地土层液化的后果一般只造成结构物的不均匀下沉和倾斜。本条规定不适用于坡度大于10°的倾斜场地和液化土层严重不均的情况。

（4）液化等级属于轻微者，除A、B类结构物由于其重要性需确保安全外，一般不作特殊处理，因为这类场地可能不发生喷水冒砂，即使发生也不致造成结构物的严重危害。

（5）对于液化等级属于中等的场地，尽量多考虑采取较易实施的基础与结构物处理的构造措施，不一定要加固处理液化土层。

（6）在液化层深厚的情况下，消除部分液化沉陷或液化上浮的措施，处理深度不一定达到液化下界，可以残留部分未经处理的液化层。

**4.4.11** 土工试验测得的土质参数是在一定的荷载条件下得到的，不一定完全符合结构物真实的荷载条件。例如，饱和松散的砂土地基会因为地震时的液化而丧失承载力。因此，本条规定判定为发生液化的土层，相应于其液化程度应对各土质参数进行修正。

**4.4.12** 确定土层液化影响的折减系数时，如果采用其他具有成熟经验的液化判别方法进行液化判别，液化抵抗率的计算式中 $R$、$R_{cr}$ 分别为与该方法相应的抗液化强度和地震作用效应。例如，当采用 Seed 简化法判别时，$R$ 为土层的抗液化剪应力比（抗液化剪应变幅），$R_{cr}$ 为土层所处深度处的动剪应力比（动剪应变幅）。

# 5 地震作用

## 5.1 一般规定

**5.1.2** 不同类型的隧道结构地震破坏后果不同，特别是次生灾害严重程度、对生命线网络连通性和震后应急救援工作的影响程度、修复难易程度不同。为有效减轻工程震害及其社会影响，需要对不同类型工程结构抗震设计地震动参数的确定提出不同的要求。

A类隧道和位于抗震设防地震动分档 0.40$g$ 地区的特长隧道结构抗震设计需要采用基于具体工程场地的地震、地质环境及工程地质条件的地震动参数。

一般情况下对于 B 类及 C 类隧道，抗震设计所采用的地震动参数按本规范取值即可。对已进行了具体工程场地地震安全性评价的情况，也应采用经审定的地震动参数进行抗震设计，但不低于本规范规定的设计地震动参数。

地震安全性评价或专门研究工作提供的成果需满足抗震设计要求，如沿线路方向各主要控制点的地表、地下设计深度和基岩面水平向峰值加速度及加速度反应谱、竖向峰值加速度及加速度反应谱、地表峰值位移，峰值加速度和位移沿深度的变化，以及与地表、地下设计深度及基岩面处峰值加速度、加速度反应谱和峰值位移相匹配的地震动加速度时程。

**5.1.3** 如果工程场址及附近场区范围内存在可能发生强震的活动断层，则这条断层及未来可能发生的强烈地震将会对工程场地形成近断层地震动作用频谱特征并引起严重的地震地质灾害，如断层地表或近地表破裂。为充分考虑这一地震地质环境的影响，需要进行场地地震安全性评价。同时有必要基于场地地震安全性评价结果，合理地考虑强震引起的近断层地震动特征，包括近断层竖向地震动特性。

## 5.2 水平向地震作用

**5.2.1** 地震动观测数据及有关研究表明，不同类别的场地地表地震动的放大有明显差异，包括峰值加速度和位移改变程度不同。本规范考虑了以上因素，根据场地类别和Ⅱ类场地地震动峰值加速度的不同选用不同的调整系数 $C_s$（表5.2.1），按式（5.2.1-1）、式（5.2.1-2）确定设计地震动峰值加速度。

**5.2.2** 本条给出场地水平向地震动峰值位移的取值规定，是通过地震动峰值位移与峰值加速度关系转化得到的。综合国内外的研究结果，Ⅱ类场地上水平向峰值位移（m）与峰值加速度（m/s²）的比值可取1∶15，其他场地上地震动峰值位移还需要进一步调整，根据场地类别和Ⅱ类场地地震动峰值位移在表5.2.2中选用相应的调整系数 $F_u$。

**5.2.3** 地表的地震动参数一般要大于地下的地震动参数，地下的地震动输入可以根据深度对地表的地震作用相应折减。地表、土层界面和基岩面较平坦时，采用一维剪切土层模型确定；土层界面、基岩面或地表起伏较大时，采用二维或三维场地模型确定。

全国各地的大量工程场地地震安评资料分析表明，场地地震动峰值位移随土层深度增加而减小，但其变化存在很大的离散性，土层深度30m处的减小值多数位于1/3～1/2之间。因此有研究表明：规定场地深度50m处的地震动峰值位移取值为场地自由地表地震动峰值位移的1/2，场地地震动峰值位移随土层深度增加而线性减小。上述研究成果都是以土层中地震动沿深度变化规律为例。一般的公路隧道大多位于地形起伏较大的山区，而地形对于地震动也存在着较大的影响。在《建筑抗震设计规范》（GB 50011—2010）中，对于地震动的地形效应影响，根据宏观震害经验和地震反应分析结果，综合判断考虑后规定水平地震影响系数应乘以增大系数，增大系数根据不同情况介于1.1～1.6之间，并作为强制性条款。综合上述考虑，在目前对于岩层中地震动变化规律和起伏较大地形对地震动的影响尚无公认的定量结果的状况下，定性地规定当采用反应位移法时，一般情况下，在计算模型底边界处输入的地震作用可以采用地表地震作用。

## 5.3 竖向地震作用

**5.3.1** 场地竖向地震动峰值加速度与水平向峰值加速度的比值与地震环境有关，近断层处比值可接近或达到1.0，但随着震中距的增加其比值会降低。本规范确定了考虑地震环境影响的竖向地震动峰值加速度与水平向峰值加速度比值的取值方案。为了安全起见，限制了场地竖向地震动峰值加速度取值不小于水平向峰值加速度的0.65倍。

## 5.4 设计地震动时程

**5.4.2** "根据地震动加速度反应谱合成"时程，一般多采用三角级数法。"利用地震和场地环境相近的实际地震动加速度记录经适当调整后确定"时程，是指将适当的实际地震动加速度记录的时间坐标 $t$ 和加速度坐标 $a$ 分别乘以适当常数，以使加速度时程接近各项要求，称作比例法，通常很难达到本规范第5.4.2条的误差要求。三角级数法，一般假定均匀随机分布的地震动相位谱，未考虑与地震环境相关的地震动相位分布。本规范建议利用强震动记录加速度时程作为初始时程合成适合工程场地的地震动时程，以引入真实的地震动相位信息。"利用地震和场地环境相近的实际地震动加速度记录经适当调整后确定"也有这个含义。

# 6 计算方法

## 6.1 一般规定

**6.1.2** 目前隧道常用的抗震计算方法主要包括静力法、反应位移法及时程分析法等。不同的计算方法有其相应的特征及适用性，计算方法的选择应根据隧道重要程度、抗震设防类别、抗震性能要求、断面形状、结构特征、隧址区工程地质条件及输入地震动参数等因素综合确定。

静力法参数易于确定，工程经验丰富，易于被设计工程师接受，目前我国包含隧道抗震设计内容的相关规范，如《公路工程抗震规范》（JTG B02）、《铁路工程抗震设计规范》（GB 50111）、《铁路工程设计技术手册（隧道）》等，基本上都采用该方法。但在埋深很小时，采用静力法计算的衬砌内力值偏小，而隧道埋深增加到一定程度后，静力法计算地震作用下的衬砌弯矩值急剧增大，这与地下结构的震害及地震响应机理不符。修正静力法通过修正的上覆土柱计算高度，使修正后的静力法计算结果更加合理，因此在除明洞、棚洞及端墙式洞门外的均匀岩质隧道的抗震计算中采用修正静力法。

日本地下结构抗震计算中广泛采用反应位移法，其能较好地反映隧道随地层而振动的特性，概念明确，计算工作量较小。时程分析法可以考虑地震动的峰值、频谱特性和持续时间，能较好地处理介质中的非均匀性、各向异性、非线性及复杂几何边界条件，全面揭示隧道在地震作用下的响应规律。但由于围岩介质对结构的动力影响在时间与空间上都是耦合的，动力分析复杂且求解代价很高，在实际工程中推广还有困难。因此一般条件下，推荐采用反应位移法或修正静力法进行抗震计算。当隧道处于非均匀场地，计算精度要求较高，且具有场地设计地震动时程时，采用广义反应位移法进行抗震计算；对于重要工程以及复杂结构，需要全面考虑地震动的峰值、频谱特性和持续时间，得到地层和结构在地震全时段的内力和位移响应时，采用时程分析法进行抗震计算。

## 6.2 计算要求

**6.2.1** 一般情况下，隧道具有纵向长度较大、横向结构形式及构造基本不变的特征，根据其构造特点和平面应变原理，横向抗震计算时沿隧道纵向选取一个或多个横断面作为计算断面，一般选取隧道覆土较浅、偏压受荷、水位变化较大或岩土力学特性较差等具有代表性的横断面。

当隧道纵向穿越复杂地形、工程地质条件变化大的区域时，如洞口段或穿越大型断层破碎带、软硬岩层交界地带等，以及盾构、沉管隧道等在纵向采用接头连接的隧道结构，在地震作用下，结构纵向可能产生较为复杂的内力响应，致使结构破坏或影响其正常使用，该类隧道的纵向抗震性能需要重点考虑。

时程分析法能较好地处理介质的非均匀性、各向异性、非线性及复杂几何边界条件，可以全面考虑地震动的峰值、频谱特性和持续时间，并可以同时揭示隧道结构及周围岩土体在地震全时段的动力响应特征，因此特别适用于大跨、重要、复杂及特殊隧道结构或地形、地质条件变化较大的局部区段或纵向结构形式变化较大、空间效应显著的隧道结构等。

**6.2.2** 计算模型的边界条件和地震作用应与所选择的方法相适应，静力法采用荷载-结构模型，不必考虑地层边界范围，地震作用通过地震峰值加速度表征，主要考虑隧道计算埋深，将等效计算埋深范围内的上覆土柱惯性力施加在隧道结构上进行计算，具体取值可按本规范附录 A 表 A.1.5 的规定确定。

反应位移法中地震作用通过地层相对位移与剪应力表征，由地表峰值位移和表层地层厚度确定。广义反应位移法中需要先求解自由地层的动力响应，并注意计算边界的选择，特别是设计地震作用基准面的确定。本规范条文中给出了设计地震作用基准面选取的具体规定。

时程分析法计算中，选择与隧道结构及构件特性相适应的模型单元，模型计算范围及边界条件需满足计算精度。为防止地震波在模型边界的反射，优先选用能减小地震波边界反射作用的边界条件。

**6.2.3** 根据经验，采用荷载-结构模型时，采用梁单元模拟衬砌，采用弹簧单元或杆单元模拟地层弹簧；采用地层-结构模型时，采用梁单元或壳单元模拟衬砌，采用平面或实体单元模拟地层，当考虑结构与地层间的滑移时，可在结构单元和地层单元之间设置接触单元。一般情况下，静力计算采用材料的静态参数；动力计算采用材料的动态参数，当材料应变速率较小时，也可近似采用材料的静态参数进行计算。常用的本构模型有弹性本构模型、弹塑性本构模型和黏弹（塑）性本构模型，根据不同水准地震作用下结构与地层的工作性态选用。

# 7 材料及参数

## 7.1 一般规定

**7.1.1** 抗震材料应满足隧道主体结构耐久性要求,避免抗震材料先于隧道主体产生失效和破坏,丧失其自身的抗震功能甚至危及隧道主体结构的安全。选择考虑其抗震效果的同时还应权衡其经济合理性,综合考虑选用。

**7.1.2** 通过国内外有关隧道工程地震研究及设计调研,以及根据"5·12"汶川大地震隧道等震害调查及机理分析,山岭隧道洞口段结构主要受地震惯性力的影响而发生破坏,边仰坡发生开裂和垮塌,隧道洞身则由于受到围岩变形约束力,随围岩变形而产生不同程度破坏,因此针对不同的震害机理合理采用不同性质性能的材料:洞身衬砌材料采用较高强度等级的混凝土,钢筋混凝土、衬砌材料可添加钢纤维、聚酯纤维等,提高混凝土延性、抗折性、抗拉性、韧性等,增强隧道结构的抗震性能,对于洞身地质不良的段落往往采用钢筋混凝土结构;洞门墙、洞内装饰材料、风道隔板等附属构件通过采用轻质材料减小结构自身质量从而减小其地震惯性力,避免地震引起破坏或坠落而影响行车安全。

## 7.2 材料选用

**7.2.2** 对山岭隧道衬砌和明洞建筑材料的规定,是根据结构自身的特点,在满足受力要求的前提下,本着经济适用的原则确定的最低要求,设计中可以结合围岩级别等工程具体情况适当提高。抗震设防措施等级为四级的三车道隧道衬砌材料宜添加纤维材料,以改善结构抗震性能。基于对国内隧道地震后的病害调查,发现对于深埋和地质条件较好的段落,隧道病害很少,因此主要针对抗震设防段提出最低要求。

**7.2.3** 目前盾构隧道管片及沉管隧道管节使用材料和断面形状有多种,但一般多采用混凝土管片(节),本条对于混凝土强度的规定主要基于这两种隧道的工法及结构特点,设计中可以结合工程具体情况适当提高。

**7.2.4** 本条引自《建筑抗震设计规范》(GB 50011—2010),同时考虑目前隧道抗震设计研究经验后提出规定。

## 7.3 材料性能

**7.3.1** 本条主要引自《钢筋混凝土用钢 第2部分：热轧带肋钢筋》（GB/T 1499.2—2018）和《建筑抗震设计规范》（GB 50011—2010），并结合目前隧道抗震设计研究经验后提出要求。

**7.3.2** 本条主要引自《纤维混凝土结构技术规程》（CECS 38:2004）第3.3.3、3.3.4条，《水工隧洞设计规范》（DL/T 5195—2004）第10.3.2~10.3.5条。在地震力的作用下，为适应隧道结构反复振动变形的需要，在混凝土中掺入3%~6%的钢纤维是有效的措施。实测资料表明，在混凝土中掺入适量直径0.3~0.5mm、强度不低于380MPa的钢纤维，混凝土的抗拉强度可提高30%~60%，抗弯强度可提高30%~90%。

## 7.4 材料物理力学参数

**7.4.3** 相关混凝土试验表明，在相应的地震作用的快速加载条件下，其动态强度都较静态强度增长约20%。国内外已有试验表明，混凝土的动、静态弹性模量差别不大。由于静态弹性模量考虑了长期荷载作用下的徐变影响，动态弹性模量可较其静态值提高30%。

# 8 抗震验算

## 8.1 一般规定

**8.1.1** 钻爆隧道、盾构隧道、沉管隧道和明挖隧道结构形式差异性较大，难以采用统一的模式进行抗震计算与验算，需要根据各类结构的特点采用不同的抗震计算与验算方法。

**8.1.2** 根据抗震性能要求确定强度和变形验算内容和指标，抗震验算是在抗震性能要求确定后确定合适的验算目标性能，目前主要选取应力水平（强度）、使用功能（变形量、裂缝宽度、接头张开量等）、隧道稳定性。具体容许指标考虑结构物重要性、地震作用水平、结构类型、围岩条件等确定。

## 8.3 变形验算

**8.3.3** 根据各国规范、震害经验和试验研究结果及工程实例分析，比照地面建筑结构抗震规范，当前矩形断面结构采用层间位移角作为衡量结构变形能力从而判别是否满足建筑功能要求的指标是合理可行的。参考《建筑抗震设计规范》（GB 50011—2010）、《地下铁道建筑结构抗震设计规范》（DG/TJ08-2064—2009），以及最新研究成果，地下结构钢筋混凝土结构层间位移角限值，弹性限值取 1/550，屈服点限值取 1/250，性能要求 3 取值 1/80。

对于钻爆法隧道结构，本规范编写过程中开展了全面系统的公路隧道拱形（马蹄形）地震响应分析：基于混凝土弹塑性损伤本构对不同岩土体刚度、埋深、结构刚度进行了大量数值计算，获取了基于损伤度的隧道结构抗震能力曲线，并研究其与震害之间的对应关系；在研究其结构的响应敏感性和具有性能指标特征的基础上，选取了以隧道最大变形率（即最大收敛值）作为性能抗震指标；在典型抗震能力曲线上研究划分三级性能水平，即结构完好、轻微破坏和较严重破坏。综合考虑设计、施工和养护等各环节的影响，经过统计分析，最终建议的性能指标值分别为：性能水平 2，最大收敛值取 5‰；性能水平 3，最大收敛值取 15‰。

圆形断面结构主要是盾构隧道，日本采用盾构隧道结构上下端之间地基相对位移最大值与隧道外径的比值，即直径变形率，作为验算指标。根据国家标准《地铁设计规范》（GB 50157—2013）条文说明：根据已有工程实践经验，将盾构隧道直径变形率控制在3‰~6‰；上海市《地下铁道建筑结构抗震设计规范》（DG/TJ08-2064—2009）规定，在相当于结构性能1下直径变形率最大值不超过按接缝防水材料安全使用确定的允许值。那么可以认为4‰~6‰的直径变形率是盾构隧道结构在弹性设计阶段的变形限值，本规范性能要求2仅允许结构轻微破坏、接缝防水不能失效，因此取6‰的直径变形率作为其整体验算限值是合适的。

本规范性能要求3结构发生损坏，但不允许发生局部掉块和坍塌，防水不能失效。通过文献调研发现，目前地铁盾构隧道结构试验中结构屈服时的最大直径变形率在10‰左右，而结构达到最大承载能力时的直径变形率在25‰以上。由于缺乏大直径两车道和三车道盾构隧道结构试验资料，考虑地铁盾构隧道和大直径道路盾构隧道结构的尺寸效应，道路隧道相应的直径变形率应该更小。如果允许接缝防水失效，其限值还可以取到弹性限值的3~4倍，即18‰~24‰；如果不允许接缝防水失效，其限值受盾构隧道接缝防水失效时的直径变形率控制，该值一般大于12‰。需要注意的是，性能要求为2和3时，材料已进入弹塑性阶段，在计算中其动态力学参数需提高，特别是在变形验算时，其动弹模往往增大到静弹模的3~5倍。

**8.3.4** 纵向抗震验算时需充分考虑隧道各种连接部位的变形能力、极限承载力以及防水能力。伸缩缝等连接部位装置根据材料和施工因素，在试验的基础上正确把握其变形性能和防水性能，进行合理的建模和参数设定。

## 8.5 抗浮稳定性验算

**8.5.2** 如对液化地基已采取注浆加固和换土等抗液化措施，则土层对衬砌结构的侧摩阻力根据液化影响折减系数进行计算，而液化影响折减系数是由加固地基实测液化强度比确定的。

**8.5.3** 关于隧道抗浮安全系数，尚无统一规定，本条根据相关规范及工程实践经验确定。目前，不同规范对抗浮验算有不同的规定。《地铁设计规范》（GB 50157—2013）规定：抗浮安全系数当不计地层侧摩阻力时不应小于1.05；计及地层侧摩阻力时，根据不同地区的地质和水文地质条件，采用1.10~1.15的抗浮安全系数。《给水排水工程管道结构设计规范》（GB 50332—2002）规定：对埋设在地表水或地下水以下的管道，应根据设计条件计算管道结构的抗浮稳定；计算时各项作用均应取标准值，并应满足抗浮稳定性抗力系数不低于1.10。

处于地震液化土层中的隧道，随着地震作用的提高，其侧壁摩擦所能提供的安全储备越低。本规范根据不同设防目标，参照相关规范和工程实例，按不同设防目标，推荐采用相应抗浮安全系数作为设计最低限值。

# 9 钻爆隧道

## 9.1 一般规定

**9.1.1** 根据大量震害资料的调查发现，隧道埋深对其地震破坏程度影响很大：当埋深大于50m时隧道破坏程度明显减小，埋深在300m以下隧道较少发生严重破坏。

山岭重丘区公路经常会遇到桥梁与隧道相接的情况，因为两者结构动力特性差异显著，发生地震时，可能会造成桥梁或隧道结构发生严重震害。例如都江堰至映秀高速公路卧龙连接线烧火坪隧道，进口与岷江大桥相接，"5·12"汶川地震中，隧道洞口与桥台错台达40cm，且隧道与桥梁均发生较为严重的震害，特别是桥梁，梁体发生平面旋转、移位等。因此，对于地震烈度较高的地区，可通过合理选线、结构优化等措施，尽可能避免桥隧相接。

**9.1.2** 很多研究表明，连拱隧道因其特殊的结构形式，地震中较非连拱隧道更容易破坏。在地震荷载作用下，中墙反复受到拉压作用，中墙与主体结构相连部位可能发生剪切破坏，且破坏后较难修复，严重情况下还可能导致隧道垮塌。

**9.1.3** 从国内外震害调查来看，对于高烈度地震区或穿越活动断层的隧道，其震害相对更加严重，特别是穿越活动断层的隧道，由于断层上下盘的相对运动，导致结构位错量较大，可能会侵入隧道建筑限界内，加大震后修复难度。因此，本条提出适当加大隧道内轮廓尺寸。

## 9.3 抗震验算

**9.3.1** 有学者对世界范围内85次地震的地下结构震害进行了调研，发现结构破坏程度随覆盖层厚度增加而减轻，软岩或围岩条件较差的地下结构破坏程度比硬岩条件下的更严重。通过对"9·21"台湾集集地震中46座山岭隧道震害调查发现，隧道震害程度和线位、埋深、结构形式以及是否穿越断层破碎带、不良地质段等有关。此外，隧道洞口段破坏比洞身段破坏严重。通过对"5·12"汶川地震中山岭隧道震害调查发现，隧道破坏程度的影响因素主要包括是否穿越断层破碎带、埋深、地应力、围岩条件、结构形式等。

隧道洞门墙、洞口挡土墙和路堤挡土墙的抗震强度和稳定性验算见本规范第13章。

## 9.4 衬砌抗震措施

**9.4.1** 国外学者对100多例隧道与地下工程的震害调查发现，埋深对隧道与地下结构震害程度影响非常大：其中49例轻微震害，埋深小于50m的占29%；23例中等震害，埋深小于50m的占39%；22例严重震害，埋深小于50m的占45%。通过"5·12"汶川地震隧道震害调查发现，对于较硬均质岩体隧道，埋深大于50m时震害程度为中等~轻微，埋深大于100m后隧道几乎没有震害或震害轻微。

此外，根据振动台模型试验和大量数值计算结果分析可知：当埋深为50~100m时，随着埋深的增大，隧道结构动力响应指标——峰值加速度和峰值位移均迅速减小；当埋深超过100~200m后，变化则不太明显。

经综合分析，隧道洞口浅埋段设防长度根据埋深确定，并以埋深小于50m的衬砌结构段长度作为划分标准。

**9.4.4** 隧道与活动断层的最小距离取值，主要依据国内外地震活动中的断层破裂宽度资料确定，当隧道选线过程中难以满足最小距离要求时，可以通过地震安全性评价确定。

**9.4.6** 大量震害资料表明，隧道衬砌破坏往往是由于地层的相对变形导致的。在隧道建筑限界和内轮廓间预留一定的间距，一是可以避免衬砌因发生局部变形而侵入限界；二是为隧道震后的结构加固预留一定空间，以利于修复。

**9.4.8** 由于隧道结构与桥梁结构动力特性差异显著，当受地形或地质条件限制出现桥隧相接的情况时，采取相应措施以减小地震时因两者相互作用导致的结构破坏。

**9.4.12** 明洞边墙背后应采用浆砌片石或素混凝土等高弹模材料进行回填，可以有效抑制隧道"鞭梢效应"，减小位移和变形量，明暗交界面设置抗震缝是基于构造和减震需要。

**9.4.13** 震害表明：明洞易被地震中的边仰坡高位滚落石砸坏，因此需要在洞顶设置抗冲击减震缓冲结构层，以减轻地震时落石对明洞结构的冲击，同时尽量接长明洞可以有效减小滚落石对过往行车的威胁，提高行车安全性。

## 9.5 特殊结构隧道抗震设计

**9.5.2** 1 棚洞结构的整体性在抗震中十分重要，因此优先采用整体式结构。近年来，预制化装配式建造技术越来越多地得到运用，但构件联结处是结构的薄弱环节，在地震力的作用下，容易产生落梁震害。为了提高抗震能力，要求采取加设抗震钢筋、限制位移装置、防震板或阻挡结构等抗震措施。

6 悬臂式棚洞抗震性能较差，地震烈度高时容易发生震害，而一旦破坏，抢修工作十分困难，故作此规定。

7 本款属于抗震设防抢通阶段的技术要求，遵循"快速保通、永临结合"的总体原则提出建议的工程措施。

8 本款规定主要是考虑到棚洞结构与建筑结构更加类似。

**9.5.3** 半隧道结构通常都是整体结构，其荷载与明洞和棚洞结构有类似之处，计算时可以参照本规范中明洞和棚洞结构的类似要求执行。

条 文 说 明

# 10 盾构隧道

## 10.1 一般规定

**10.1.2** 盾构隧道是通过横向和纵向连接螺栓将预制管片连接而形成的一种隧道结构，具有安全、快速和环保的特点，目前已在我国城市轨道交通地下线路以及武汉长江隧道、南京长江隧道、钱江隧道、广深港客运专线狮子洋隧道等水下隧道工程中获得广泛应用，其中包括许多高地震烈度区。强震作用下，盾构隧道可能会出现管片开裂、混凝土剥落、错台、渗漏、螺栓断裂、接头板破坏等震害现象，这在2008年汶川地震的成都地铁盾构隧道和1995年日本兵库县南部地震的神户地铁盾构隧道中都有不同程度的反映。因此本条规定高烈度区大直径盾构隧道宜采用多种方法进行抗震计算，必要时还需要采用振动台试验等手段进行验证。

**10.1.3** 除地震波作用外，由地震引起的场地条件恶化，如地表土错动与地裂、地基土不均匀沉降、地基液化等，同样是产生盾构隧道震害的重要原因，因此盾构隧道线路宜选择密实、均匀、稳定的地层，避开不良地段，无法避开时，应采取可靠的处理措施。

**10.1.4** 盾构隧道的视比重（包括空腔在内的平均值）比周围地层的比重小，地震作用下隧道所受惯性力较小，同时受周围土体约束，振动衰减较快。盾构隧道衬砌是用螺栓将预制管片拼装而成，隧道的横断面以及纵向均有很多接头，接头刚度通常小于管片刚度，在地震作用下盾构隧道的变形能力较强，隧道结构追随地层的地震反应，管片所产生的附加应力和变形主要由地层的相对位移引起。反应位移法正是根据上述盾构隧道振动特征提出的抗震计算方法，对于盾构隧道推荐采用反应位移法进行抗震计算。

**10.1.5** 盾构隧道衬砌是用螺栓将预制管片拼装而成，隧道的横断面以及纵向均有很多接头，除了管片外，接头处的受力与变形也对结构的安全和正常使用起到控制性作用。此外，隧道与横通道连接处、隧道与盾构工作井或通风井连接处等结构形式变化大、空间效应显著的部位，容易产生应力集中和变形过大。盾构隧道抗震验算应包括管片、接头、结构连接或交叉部位。

若隧道所处地层产生液化，隧道的上浮、动土压力及动水压力作用、地震后地层排水下沉及地层侧面流动等均可能导致隧道结构失稳，应根据地层实际情况进行相关的地层稳定验算，如液化判别，并结合液化后地层的变化对结构整体稳定性进行验算。

## 10.2 地震反应计算

**10.2.1** 原则上讲，时程分析法适用于各种情况的隧道抗震计算。当隧道沿纵向结构形式连续、规则、横断面构造不变，周围地层沿纵向分布一致时，横断面方向的抗震计算可以按平面应变问题处理。盾构隧道存在大量的环间接头，其在地震作用下变形能力较强，同时会产生较大的环间变形，可能导致隧道渗漏水、环间错台、螺栓屈服等震害，因此盾构隧道需进行纵向抗震计算。当地形与地质条件复杂、隧道结构形式变化较大、空间效应显著时，如盾构隧道与横通道连接处、隧道与盾构工作井或通风井连接处等宜采用三维空间模型进行抗震计算。为了防止地震波在模型边界的反射，模型边界优先选用能减小地震波反射作用的边界条件，如黏性或黏弹性人工边界等。一般选择地震动加速度时程作为时程分析法的输入地震动。

**10.2.2** 1 盾构隧道由管片和接头组成，为了合理反映盾构隧道的特征，需要将接头的影响反映到结构模型中。盾构隧道横断面方向横向等效刚度梁环模型和梁-弹簧模型如图10-1所示。

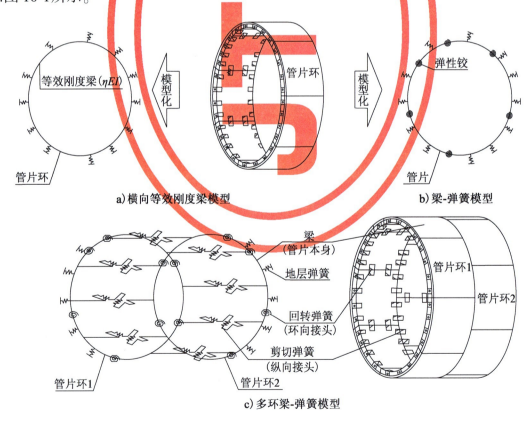

图10-1 盾构隧道横断面方向等效刚度梁模型和梁-弹簧模型示意图

2 盾构隧道纵向等效刚度梁模型和梁-弹簧模型如图10-2所示。

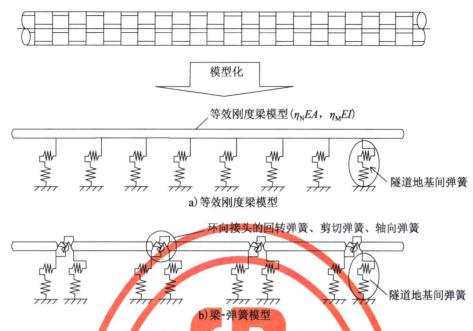

图 10-2 盾构隧道纵向等效刚度梁模型和梁-弹簧模型示意图

3 盾构隧道的二次衬砌是指当仅靠管片环难以达到隧道的使用目的时，通过在管片环内侧浇筑混凝土来满足设计的功能。振动台试验证实：施作二次衬砌提高了盾构隧道的刚性，减少了管片环和接头处产生的地震附加轴力及应变，说明二次衬砌在没有破坏之前能够起到加固结构的作用。

二次衬砌分为非结构性二次衬砌和结构性二次衬砌。非结构性二次衬砌的目的是对管片环进行加固、预防腐蚀和减小振动、改善衬砌外观、矫正隧道线路；结构性二次衬砌的目的是与管片环一起构成隧道的结构构件。对于非结构性二次衬砌，由于不作为结构构件考虑，抗震设计中也可不专门进行抗震计算；对于结构性二次衬砌，国际隧道协会（International Tunnelling Association，简称ITA）*Guidelines for the design of shield tunnel lining*和我国《地铁设计规范》（GB 50157—2013）中，按照双层衬砌层间结合面的光滑程度，将双层衬砌分为叠合结构（层间具有抗剪强度，可传递轴力和剪力）和复合结构（层间不具有抗剪强度，仅传递轴力）。对结构性二次衬砌进行抗震计算时，衬砌采用梁单元模拟；复合结构和叠合结构中二次衬砌和管片环之间的相互作用采用弹簧单元模拟，通过设置不同的层间弹簧刚度分别模拟复合结构和叠合结构，管片环的模型化处理与单层衬砌时相同。双层衬砌模型（管片环以梁弹簧模型为例）如图10-3所示。

4 公路盾构隧道为满足正常通行要求，需在管片衬砌内部施作行车道板、烟道板、检修通道等内部结构。地震作用下内部结构的工作状态、力学性能等将直接影响盾构隧道震后维持正常或应急通行的功能，因此抗震计算时还应考虑内部结构。与盾构隧道二次衬砌类似，内部结构与管片衬砌的连接刚度也是多样的，如行车道板、检修通道等与管片间的连接刚度较强，可以采用刚性连接方式处理；烟道板等自身刚度较小且与管片间的连接较弱，可以采用弹性连接或铰接方式处理。

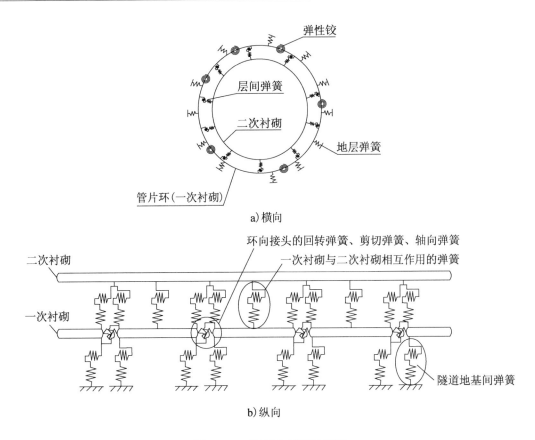

图 10-3 双层衬砌模型示意图

## 10.3 抗震验算

**10.3.3** 在盾构隧道与横通道、工作井或通风井等连接处，因结构复杂，空间效应明显，易产生应力集中和过大变形，发生如连接螺栓剪断、连接处漏水、管片错台、混凝土剥离等震害。1985年墨西哥米却肯地震中，墨西哥城中一下水道盾构隧道的工作井与隧道接合处2~3环范围内环向接头有5处损坏；1995年日本兵库县南部地震中，竖井与盾构隧道连接处发生混凝土脱落、管片错位、严重漏水等震害。因此这些结构连接部位需进行抗震验算。验算时充分考虑其在设防地震作用下的变形能力、承载能力及防水能力。地震作用下盾构隧道管片环变形率及接缝张开量方面的研究资料较少，根据日本现有的研究成果一般认为L2地震作用下盾构隧道横断面内倾斜角度（顶、底部横向变形差/隧道直径）处于1/150~1/200时，可以认为结构材料处于弹性极限内，安全性基本没有问题；环间接缝张开量在2~3mm以内时，可以认为结构材料处于弹性极限内，安全性基本没有问题。需要注意的是，现有的研究成果是基于一定地震作用（日本L1或L2）及普通尺寸的盾构隧道，随着盾构隧道断面尺寸的增加、接头构造的变化，变形验算指标并不是固定值，需要针对具体工程进行抗震设计。

## 10.4 抗震措施

**10.4.1** 合理的抗震措施，比单纯依靠提高设防标准来增强抗震能力更为经济合理。由于受到周围介质的约束，隧道的地震反应特性与地面结构不同，特别是盾构隧道，其地震反应主要取决于地层的位移差。控制地层位移差的方法主要有两种：一种是采取必要的构造措施，使隧道容易随着地层的振动而振动，提高隧道自身的抗震性能；另一种是通过工程手段减少地层传递至隧道结构的地震能量，如绕避不良地质地段、改良土体、在盾构隧道与地层之间设置隔震层等。

**10.4.3** 根据工程实践经验，盾构隧道的变形主要产生在隧道接头处，在隧道与联络横通道、竖井连接处或地形及地质条件突变处等特殊部位，使用可挠性管片环或钢管片环可以通过自身的变形来适应周围地层的位移，减小地震引起的结构内力。但可挠性管片环、钢管片环构造复杂、费用昂贵，一般仅在抗震设防要求较高时使用。

图10-4为直螺栓和弯螺栓的示意图。显然，直螺栓更容易适应地震变形，且变形时对隧道管片结构的损害相对较小，从抗震角度宜采用直螺栓连接形式。

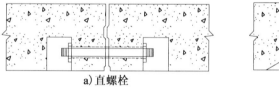
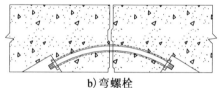

a) 直螺栓　　　　　　　　　　　b) 弯螺栓

图 10-4　螺栓连接方式对比示意图

在盾构隧道接头处采用回弹能力强的止水弹性胶片（图10-5），且适当增加胶片的厚度，施加预应力紧固，可以达到地震时有效止水的目的，保证隧道的正常运营。此外，沿盾构隧道和竖井的连接处设置橡胶止水带可以防止此处变形过大而发生漏水。

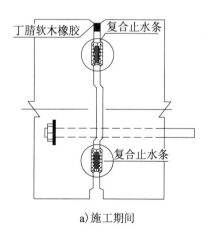
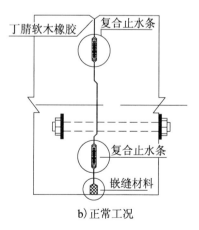
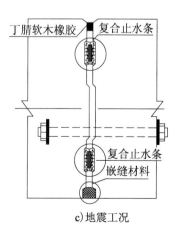

a) 施工期间　　　　　　b) 正常工况　　　　　　c) 地震工况

图 10-5　止水弹性胶片示意图

采用可更换的遇水膨胀橡胶密封圈（图10-6）作为螺栓孔密封垫圈不仅可以止水，还可以减小地震引起的结构应力集中。

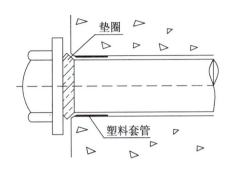

图10-6 螺栓孔密封垫圈示意图

**10.4.4** 在衬砌的外周边和围岩之间设隔震装置，使原有的衬砌-围岩系统变为衬砌-隔震层-围岩系统，其目的是通过隔震层将衬砌与围岩介质隔开，从而减小或改变地震对结构的作用强度和方式，以达到减小结构振动的目的。隔震层不仅要求能吸收衬砌与地层之间反复循环的动应变或相对动位移，还应该具有充分的弹性，保证在一次地震塑性化后，下一次地震时还能再发挥作用。压注式隔震层是新近开发出来的隔震材料，包括沥青系、氨基甲酸乙酯系、橡胶系、硅树脂系等，这些材料平时是液状，与硬化添加剂一同压注到围岩与衬砌之间的间隙内，硬化后就形成隔震层。该类型隔震材料具有较高的剪切变形性能，耐久性好，施工性好，不易产生有害物质。对于盾构隧道而言，在施工中进行壁后注浆时注入硅胶类的隔震材料已经在日本得到应用。

**10.4.5** 盾构隧道存在大量接头，在地震作用下可以通过自身变形适应地震引起的隧道周边地层位移，减少管片内力。同时应该注意到，如果盾构隧道结构刚度太小，结构产生过大的变形会导致破坏或影响其正常使用。震害调查及振动台试验均说明盾构隧道设置二次衬砌在一定条件下能够起到加固结构、减小震害的作用。所以可根据条件在隧道局部或全长设置二次衬砌，以增大结构刚度及整体性的方式进行抗震。

盾构隧道周边地基的液化现象可能导致隧道结构的失稳，隧道线路选择尽可能避开可能发生液化的地层，无法避开时，通过采取相应的措施来改善隧道周围地层或加强隧道结构，以保证隧道的稳定和安全，必要时进行专门研究。

# 11 沉管隧道

## 11.1 一般规定

**11.1.1** 沉管隧道抗震设计通常分为三个步骤，首先是调研并搜集拟建工程区域至少半径200km范围内历史上地震发生情况，尤其是搜集分析近期发生的大震、强震历史记录资料，选用定值法、概率法或组合法进行地震安全性评估，确定设防基准与地震动参数（包括地面动峰值加速度与速度、位移大小、响应谱、振动历时曲线等）。其次是评估地震时工程区发生地层破坏或变形的可能性，如震陷、液化、断层错动、水下基槽边坡失稳、地层纵向拉伸与压缩、纵弯与横向歪斜，提出可采取的地基处理措施与材料要求。再次是评估隧道结构地震响应（自由场、考虑土与结构相互作用），开展结构计算与构造设计，使隧道结构始终具有足够的抗浮能力、接头始终保持密水状态等。需要注意的是，沉管隧道接头的抗震性能及其稳定性计算是沉管隧道设计的重要环节，抗震计算往往需要考虑各种可能性，多次反复迭代才能得到令人满意的结果。

**11.1.2** 当无法全部避开软土震陷或液化时，设计中依据抗震计算采取可靠有效的工程措施。同时验算沉管段始终具有足够的抗浮安全系数，接头始终保持密水状态。

**11.1.3** 根据本规范第3.1节规定，沉管隧道按A类进行抗震设计。管节可以采用钢筋混凝土结构或钢壳混凝土结构，纵向体系可以选用整体式管节或节段式管节，大多数沉管隧道工程采用E1、E2两级设防水准进行抗震设计。国外建成运营的沉管隧道有的超过了百年，经受住了多次地震考验，采取过强的抗震措施不必要也不经济。借鉴国内外工程经验，E1设防水准可以用线弹性模型进行抗震计算，要求地震时沉管结构及剪力键、减震构件等处于弹性状态并保持正常使用功能；E2设防水准允许管节结构或接头出现弹塑性过渡区而采用非线性弹塑模型进行抗震计算，要求管节结构、剪力键仍处于屈服强度以内，减震构件等可有轻微损伤，无须维修或简单加固即可保持正常使用。

**11.1.4** 根据沉管隧道工程特点，应验算通风机等设备的抗震性能，并与土建结构设计协调。

## 11.2 地震反应计算

**11.2.1** 通常可根据具体工程特点、进展阶段、技术要求、适用性等来选用合适的地震反应计算模型。工程阶段进展越深入，地震反应计算模型要求越精细，验证方法与手段要求越高。

沉管结构沿纵向规则，横断面构造不变，周围土层沿纵向分布较一致时，宜采用二维模型进行横向地震反应计算，并按平面应变问题计算。沉管结构形式变化大，土层分布不均匀，出现地形与地质地层急剧变化、结构交叉或重叠时，可按空间问题进行三维建模求解。沉管接头连接单元的局部三维模型选用得恰当与否对计算结果影响很大。

**11.2.2** 通常情况下，根据沉管隧道所处的场区条件和结构状况及不同结构的技术要求选用合适的计算方法，目前国内外计算多数采用静力法、反应位移法、动力时程分析法，整体模型和局部模型相结合，二维和三维结构模型相结合，重大工程采用多种方法进行计算以相互校核。不管采用哪种计算方法，选择合适的连接单元及弹簧系数分别模拟隧道接头、结构及岩土介质间的连接特性十分重要。

沉管隧道结构安全性及周围地层稳定性的抗震计算内容通常包括管节结构受力、变形及抗滑、抗浮稳定性和管节周围地基土的抗液化与动力沉陷计算。一般情况下，根据是否具有拟建工程场地设计地震动时程曲线以及计算精度的要求选择反应位移法或广义反应位移法，具体计算公式参见本规范附录 B。横向反应位移法通过将自由场地层在隧道横断面方向的位移和周边剪切力作用于模拟沉管结构的梁和弹簧模型的弹簧末端，计算出地震时横向结构内力；纵向反应位移法则通过将沉管结构沿纵向简化为具有一定刚度的梁和弹簧来模拟纵向拉压和纵弯，将自由场地层在隧道纵向的位移作用于地层弹簧末端，计算出地震时纵向结构内力。

**11.2.3** 沉管隧道整体抗震分析常用梁-质点-弹簧模型和沉管-土体有限元模型。为了高效、省时，一种简便可行的方法是用有限元法直接计算自由场情况下土体的变形，再施加到沉管结构上进行拟静力的地震响应计算。为了体现沉管结构与周围土体相互作用，建立整座隧道的三维有限元模型进行地震响应计算，效果较好。

**11.2.4** 沉管结构承受的地震作用一般包括结构自重引起的水平地震惯性力、回填覆盖层引起的水平地震惯性力、地震引起的侧向压力增量，如图 11-1 所示。

## 11.3 抗震验算

**11.3.1** 沉管隧道设计首先通过综合比选初定管节长度、接头位置与构造、通风井位置，再通过纵向抗震验算予以验证。根据工程经验，沉管隧道根据正常使用极限状态短

# 条文说明

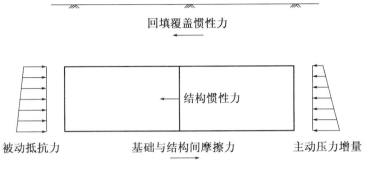

图 11-1 静力法计算模型

期与长期效应组合（E1 地震作用）、承载能力极限状态偶然组合（E2 地震作用）开展地震工况下接头张开量与应力验算、承载能力验算。当从地层深处震源传来的地震波以某斜交角度入射到沉管隧道时，在使其纵向产生瞬时高频循环往复伸缩变形的同时，会使沉管横断面产生较大歪斜变形，若合成的最大应变量属于弹性范围，则不设特殊接头；反之，在管节之间、管节与通风塔或暗埋段之间考虑设置抗震专用接头，必要时研制使用适应能力强的大变形接头，确保止水带始终处于可靠的密水状态。

应注意的是，合成地震波周期与沉管结构体系的自振周期接近时，易产生共振效应，从而导致计算得出的位移和轴力畸变。实际上，由于地震波属于随机波，产生共振效应的可能性极低，故一般不予考虑。

由于地震波在沉管隧道场地土层中传播的行波效应非常复杂，在隧道纵向各点引起的振动也存在相位、振幅的差异，因此采用多点非一致地震激励要比一致地震激励更能真实反映沉管隧道地震响应。条件允许时，可以开展振动台试验进行验证。在进行振动台试验之前，通常采用实体单元建立包括地基土、沉管隧道以及柔性接头在内的三维模型开展精细化有限元分析，通过输入地震波进行动力响应分析，从而得出每一时刻地层和结构物中的变形、应力和应变等，一方面指导策划振动台实验方案，另一方面起到相互验证的作用。如上海外环隧道建立了包括沉管隧道的全三维模型，对地震响应进行了三维非线性数值分析，较真实反映了结构地震响应。而且，模型边界条件、水平、纵向和竖向弹簧动刚度、地震动输入位置和角度、隧道周围地层阻尼系数等确定与取值对沉管隧道抗震验算结果影响甚大，对设计人员往往有较高的计算经验要求。三维振动台物理模型试验重点关注边界约束条件是否恰当，可以采用海绵体边界等形式。

如果具体隧道工程需要准确确定土层阻尼系数和接头构造动刚度，最佳途径是通过专项试验获取。地层弹簧动刚度包括水平、竖向及纵向三个方向，水平方向弹簧动刚度与地层分布及回填情况相关，只考虑受压特性；竖向弹簧动刚度与地层分布、基础类型相关，可以通过竖向静刚度乘以系数得到；纵向弹簧动刚度根据竖向荷载、结构与回填或基础垫层的摩擦特性确定。

地震对沉管隧道的影响受地震动峰值加速度、地层特性和沉管结构特点等制约。计算表明，地震波的入射角度对沉管隧道的地震响应影响较大，比如入射角为 0°（沿隧道轴向），柔性接头的轴向相对位移和轴向力出现最大；入射角为 90°（垂直于隧道轴向），柔性接头的弯矩、横向剪切位移和相对角位移、横向剪切力出现最大。

**11.3.5** 止水带密水安全系数是止水带自身能够承受的最大水头压力与工程实际水头压力的比值，与止水带组成、材料强度等有关，本规范参照工程实例而提出。E2作用下管节结构及接头性能要求见本规范表11.1.3和表11.3.6。

**11.3.6** 沉管隧道抗震设计不仅通过提高管节结构强度加强抗震性，而且通过提高沉管隧道吸收变形的能力来避免地震时接头出现破坏或渗漏。为此，沉管隧道设计避免采用形状复杂和刚度突变的结构形式。

沉管隧道抗震计算时，一般不考虑管节结构自振，但要考虑其刚度影响。地震工况下，沉管结构的最大内力不超过其自身的容许应力。接头作为沉管隧道抗震的薄弱环节，其性能随着时间、受力工况而改变，接头需能够承受静力、动水压、温度、混凝土收缩徐变、地震力等引起的拉伸、剪切变形而始终保持水密性。纵向、横向震动可能引起管节接头张开/压缩和横向错动、扭转，即发生相对的轴向位移量和水平或竖直错动位移、扭转角，因此不论接头刚度如何，在确保能够吸收不少于容许位移值的同时，还能够承受与接头刚度相对应的轴向内力（包括轴向压力、剪力与弯矩），以保持地震时接头构造的密水性。

接头张开量与接头处基底允许沉降量、管体周围摩擦力、管节长度、接头处管节高度有一定关系，一般通过纵向计算得到地震工况下接头张开量。需注意的是，沉管隧道抗震计算要考虑夏季升温工况，此时管节与接头膨胀使GINA和接头刚度变大，导致多数接头闭合，冬季降温则相反。调研发现，要准确给出适用于不同沉管隧道工程的接头位移控制指标是非常困难的。结合广州珠江隧道、上海外环隧道等工程实例和计算成果，提出一般情况下的接头位移计算指标控制值，但不包括沉管段与暗埋段之间、软硬地层交界处等接头部位或地震动峰值加速度0.15g及以上地区，局部区段选用能够承受至少5～10cm及以上位移量的特别接头构造。不同的简化方法、输入地震波、计算模型及接头模型会有差异甚至相差很大，如轴向位移相近时，管节轴力、横向内力与位移可能相差数倍。比如，管顶回淤厚度增加会导致结构内力增大20%以上。要限制强震区的沉管隧道接头位移，通常需要特别强的接头构造措施。

沉管隧道纵向或横向差异沉降的容许值越小，对结构与接头性能越有利，在结构尺寸基本确定的情况下，需要综合权衡管底地基与基础刚度、沉管段顶部回填（含回淤物）与防护层重量及剪力键安全储备来确定。不论何种情况，纵向有预应力锚索比无预应力锚索时管节接头的垂直剪切量会减小很多，这与施加的预应力值有很大关系，当预应力值足够大时，接头刚度大大提高，垂直剪切量和水平错动位移近似为0mm。

## 11.4 抗震措施

**11.4.1** 参照国外类似工程，地震基本烈度为Ⅵ度时，沉管隧道通常采取适当加强结构构造和止水带密水等措施。钢筋混凝土结构、钢结构、橡胶止水带安全系数分别参见现行规范或规程。

**11.4.2** 沉管隧道一般埋深浅，受地震动引起水平、竖向震动，易引起接头剪力键承受纵向挤压或张开、水平错动，因此无论是管节结构还是止水带均要有足够的安全储备。采用整体式钢筋混凝土管节结构时，选用外包钢板或防水膜等以提高防水性能。

沉管接头构造通常由水平和竖向剪力键、第一道止水带（如 GINA）、第二道止水带（如 OMEGA）等组成，在地震作用下，接头最大内力及变形响应不能超过接头构造所容许的范围。为减小地震工况接头发生的相对位移量，需要充分发挥并提高接头构造的设计刚度。一般情况下，接头构造至少能承受 10mm 的相对位移，通常在接触受力面可设置支座或可压缩垫层。

当沉管隧道抗震计算出的接头张开量或扭转角超过止水带的容许变形能力时，除了合理设计剪力键装置之外，还要依据沉管隧道纵向抗震计算结果，设置能承受设计水压力和变形量的止水带以及能承受设计张开位移量的限位装置。当管节材料韧性不足以吸收地层对横截面产生的剪切变形时，设计时也要采取适当的抗震构造措施，允许横截面个别部位出现塑性变形，还要按塑性变形法进行管节结构的抗震验算。通常可设置钢拉索、拉杆或无黏结的预应力筋、Ω 形或双道波形钢板等纵向限位装置，如图 11-2～图 11-4 所示。

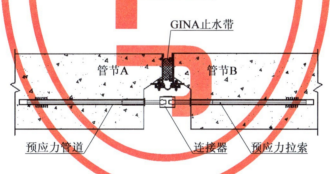

图 11-2 管节接头限位拉索与预埋件图

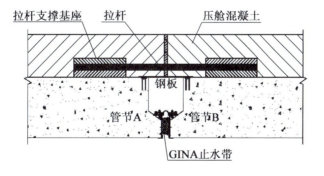

图 11-3 压重层中设置限位拉杆装置

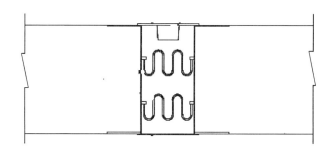

图 11-4 可承受大变形的双道波形钢板示意图

沉管隧道采用砂作为充填料的基础垫层时，首先对砂样进行物理性质和抗液化强度的试验。当抗液化剪切强度较低时，可加配一定比例的水泥熟料，使砂颗粒之间具有足够的化学结合力，防止砂垫层液化。桩基础设计时，需分析表层土体的震陷或液化范围，承载力计算时需考虑负摩擦阻力作用，通过计算确定桩基底端伸入液化深度以下稳定土层中的长度，对碎石土，砾、粗、中砂，坚硬黏性土和密实粉土不应小于0.5m，其他非岩石土不宜小于1.5m。

粉细砂和颗粒均匀的中砂在水下处于饱和状态时易引起液化。沉管隧道下方的原状砂层和低塑性粉土需根据试验成果沿隧道轴线进行抗液化分析。对抗液化分析不满足设计要求的区段，需要采取换填、地基加固等措施消除液化影响。

我国已建成的珠江沉管隧道和香港东区隧道均位于Ⅶ度地震区，采用天然风化基岩作为地基，采用压砂法施工垫层。香港西区沉管隧道采用换填砂进行地基处理。同样位于Ⅶ度地震区的韩国釜山沉管隧道采用深层水泥搅拌桩与挤密砂桩改良原始软弱土层、先铺碎石垫层的处理方案。

为了降低地震工况下接头承受的剪力和结构内力，暗埋段建筑和洞口建筑宜采用独立基础，陆上段隧道顶部回填尽量采用轻质材料等。

**11.4.3** 我国建成的十余座沉管隧道基本位于Ⅶ度地震区，工程场地地表地震动峰值加速度未超过 $1.5\text{m/s}^2$，由于现阶段缺乏Ⅷ度及以上沉管隧道工程实例，故针对具体工程实例应开展专项研究。

# 12 明挖隧道

## 12.1 一般规定

**12.1.1** 明挖隧道的地震响应受建设场地的地形、地质条件影响较大,其变形对周围地层有追随性,故其选择在密实、均匀、稳定等地质条件优良的地基上建造,且地表起伏尽量较小,有利于结构在经受地震作用时保持稳定。

**12.1.5** 明挖隧道的上覆土回填尽量满足设计计算时的上覆土物理力学指标,采用周围地层相同的地基土,进行充分均匀的碾压固结。结构周围也需要回填时,设计材料尽量采用与周围地层相同的土层材料,物理力学指标控制在勘察报告范围之内,使其地震内力响应符合设计计算工况,并提供足够的抗力。

## 12.2 地震反应计算

**12.2.1** 由于明挖隧道一般为长条形地下结构,故按横截面的平面应变问题进行抗震计算的方法适用于离洞口或异形断面的距离达1.5倍结构跨度以上的地下建筑结构。洞口或异形断面部位等的结构受力变形情况较复杂,按空间结构模型采用动力时程分析法进行抗震计算更合适。

隧道断面形状变化较大或隧道与相邻建、构筑物构成整体时,一般需要同时考虑横向及纵向的水平地震作用。

对基坑开挖采用挡土墙的明挖隧道,特别是与隧道结构相叠合的挡土墙在地震作用下与明挖隧道共同变形,故抗震计算可以作为整体考虑。

**12.2.2** 一般情况下,隧道具有纵向长度较大、横向结构形式及构造基本不变的特点,因此一般情况下,可以按平面应变问题进行横断面水平地震动作用下的抗震设计,将隧道结构视为弹性地基上的框架结构,采用梁单元模拟隧道衬砌、弹簧模拟结构与地层之间的相互作用。形状复杂以及纵向穿越非均匀地层区段的隧道因地形、地质条件复杂,还需要考虑纵向及竖向地震作用。

## 12.3 抗震验算

**12.3.2** 根据本规范第3.1.3条，公路隧道遭受相当于本地区抗震设防烈度的地震影响时，主体结构不受损坏或不需要进行修理即可继续使用，因而E1地震作用下的内力分析是对明挖隧道结构的地震反应、截面承载力验算的最基本的要求。

**12.3.4** 在有可能液化的地基中建造明挖隧道时，应注意检验其抗浮稳定性，并在必要时采取措施加固地基，以防地震时结构周围的场地液化。鉴于经采取措施加固后地基的动力特性将有变化，本条要求根据实测标准贯入锤击数与临界锤击数的比值确定液化折减系数，进而计算地下连续墙和抗拔桩等的摩阻力。

**12.3.5** 明挖隧道施工过程中采用地下连续墙等良好的基坑围护结构时，下卧地基土被良好围护结构包围，能够有效抑制地基剪切变形，其中包含的液化土层在地震时一般不可能液化，但其强度及抗浮稳定性的验算需考虑外围土层液化的影响。

## 12.4 抗震措施

**12.4.1** 明挖隧道结构一般都采用矩形钢筋混凝土结构，其抗震构造措施可以参照同类地面结构。需要注意的是周围地层的剪切变形对明挖隧道的变形能力提出了更高的要求，并且由于很多情况下开挖隧道位于地下水位以下，其防水薄弱环节需要加强。地下钢筋混凝土框架结构构件的尺寸常大于同类地面结构构件，但因使用功能不同的框架结构要求不一致，因而本条仅提构件最小尺寸应至少符合同类地面结构构件的规定，而未对其规定具体尺寸。

**12.4.2** 本条第1款为根据"强柱弱梁"的设计概念适当加强框架柱的措施，其余规定均比地上板柱结构有所加强，旨在便于协调安全受力和方便施工的需要。为加快施工进度，减少基坑暴露时间，地下建筑结构的底板、顶板和楼板常采用无梁肋结构，由此使底板、顶板和楼板的受力体系不再是板梁体系，故在必要时宜通过在柱上板带中设置暗梁对其加强。

为加强楼盖结构的整体性，提出第3款为加强周边墙体与楼板的连接构造的措施。
水平地震作用下，地下建筑侧墙、顶板和楼板开孔都将影响结构体系的抗震承载能力，故有必要适当限制开孔面积，并辅以必要的措施加强孔口周围的构件。

**12.4.3** 与地面结构相比，地下钢筋混凝土框架结构的钢筋配置要多，明挖隧道由于结构形式一般比较规则，故可以参照地面钢筋混凝土框架结构的钢筋构造要求执行。对于抗震措施要求较高的情况，主筋需通长设计，横向钢筋设置也需相应提高标准。

**12.4.5** 对周围土体和地基中存在的液化土层，注浆加固和换土等技术措施可以有效消除或减轻液化危害。

对液化土层未采取措施时，应考虑其上浮的可能性，验算方法及要求见本规范第12.3节以及本规范前面章节的相关内容，必要时采取抗浮措施。地基中包含薄的液化土夹层时，以加强地下结构而不是加固地基为好。

当基坑开挖中采用深度大于20m的地下连续墙作为围护结构时，坑内土体将因受到地下连续墙的挟持包围而形成较好的场地条件，地震时一般不可能液化。对于周围土体存在液化土的情况，在承载力及抗浮稳定性验算中，仍应读入周围土层液化引起的土压力增加和摩阻力降低等因素的影响。

# 13 隧道洞门

## 13.1 一般规定

**13.1.3** 根据"5·12"汶川地震隧道震害调查,很多隧道由于山体滑坡、崩塌、落石等,导致隧道洞口被掩埋,边仰坡支挡结构出现开裂、变形、滑动、下沉等现象,由此中断交通。可见,当隧道洞口段地质条件较差、边仰坡欠稳定时,地震中易发生滑坡地质灾害,而对于地形较陡地段,岩石经过长期风化剥蚀后,地震中易坍塌、落石,堵塞洞口,从而危及行车安全。因此,要求采取接长明洞、增加明洞回填土厚度、设置主动或被动防护网等措施,以减轻隧道洞口震害程度。

# 公路工程现行标准规范一览表

(2020年1月)

| 序号 | 类别 | 编 号 | 书名(书号) | 定价(元) |
|---|---|---|---|---|
| 1 | 基础 | JTG 1001—2017 | 公路工程标准体系(14300) | 20.00 |
| 2 | | JTG A02—2013 | 公路工程行业标准制修订管理导则(10544) | 15.00 |
| 3 | | JTG A04—2013 | 公路工程标准编写导则(10538) | 20.00 |
| 4 | | JTG B01—2014 | 公路工程技术标准(活页夹版,11814) | 98.00 |
| 5 | | JTG B01—2014 | 公路工程技术标准(平装版,11829) | 68.00 |
| 6 | | JTG 2111—2019 | 小交通量农村公路工程技术标准(15372) | 50.00 |
| 7 | | JTG B02—2013 | 公路工程抗震规范(11120) | 45.00 |
| 8 | | JTG/T B02-01—2008 | 公路桥梁抗震设计细则(13318) | 45.00 |
| 9 | | JTG 2232—2019 | 公路隧道抗震设计规范(16131) | 60.00 |
| 10 | | JTG B03—2006 | 公路建设项目环境影响评价规范(13373) | 40.00 |
| 11 | | JTG B04—2010 | 公路环境保护设计规范(08473) | 28.00 |
| 12 | | JTG B05—2015 | 公路项目安全性评价规范(12806) | 45.00 |
| 13 | | JTG B05-01—2013 | 公路护栏安全性能评价标准(10992) | 30.00 |
| 14 | | JTG/T 3310—2019 | 公路工程混凝土结构耐久性设计规范(15635) | 50.00 |
| 15 | | JTG/T 6303.1—2017 | 收费公路移动支付技术规范 第一册 停车移动支付(14380) | 20.00 |
| 16 | | JTG B10-01—2014 | 公路电子不停车收费联网运营和服务规范(11566) | 30.00 |
| 17 | 勘测 | JTG C10—2007 | 公路勘测规范(06570) | 40.00 |
| 18 | | JTG/T C10—2007 | 公路勘测细则(06572) | 42.00 |
| 19 | | JTG C20—2011 | 公路工程地质勘察规范(09507) | 65.00 |
| 20 | | JTG/T C21-01—2005 | 公路工程地质遥感勘察规范(0839) | 17.00 |
| 21 | | JTG/T C21-02—2014 | 公路工程卫星图像测绘技术规程(11540) | 25.00 |
| 22 | | JTG/T C22—2009 | 公路工程物探规程(1311) | 28.00 |
| 23 | | JTG C30—2015 | 公路工程水文勘测设计规范(12063) | 70.00 |
| 24 | 设计 | JTG D20—2017 | 公路路线设计规范(14301) | 80.00 |
| 25 | 公路 | JTG/T D21—2014 | 公路立体交叉设计细则(11761) | 60.00 |
| 26 | | JTG D30—2015 | 公路路基设计规范(12147) | 98.00 |
| 27 | | JTG/T D31—2008 | 沙漠地区公路设计与施工指南(1206) | 32.00 |
| 28 | | JTG/T D31-02—2013 | 公路软土地基路堤设计与施工技术细则(10449) | 40.00 |
| 29 | | JTG/T D31-03—2011 | 采空区公路设计与施工技术细则(09181) | 40.00 |
| 30 | | JTG/T D31-04—2012 | 多年冻土地区公路设计与施工技术细则(10260) | 40.00 |
| 31 | | JTG/T D31-05—2017 | 黄土地区公路路基设计与施工技术规范(13994) | 50.00 |
| 32 | | JTG/T D31-06—2017 | 季节性冻土地区公路设计与施工技术规范(13981) | 45.00 |
| 33 | | JTG/T D32—2012 | 公路土工合成材料应用技术规范(09908) | 50.00 |
| 34 | | JTG/T 3334—2018 | 公路滑坡防治设计规范(15178) | 55.00 |
| 35 | | JTG D40—2011 | 公路水泥混凝土路面设计规范(09463) | 40.00 |
| 36 | | JTG D50—2017 | 公路沥青路面设计规范(13760) | 50.00 |
| 37 | | JTG/T D33—2012 | 公路排水设计规范(10337) | 40.00 |
| 38 | 桥隧 | JTG D60—2015 | 公路桥涵设计通用规范(12506) | 40.00 |
| 39 | | JTG/T 3360-01—2018 | 公路桥梁抗风设计规范(15231) | 75.00 |
| 40 | | JTG/T 3360-03—2018 | 公路桥梁景观设计规范(14540) | 40.00 |
| 41 | | JTG D61—2005 | 公路圬工桥涵设计规范(13355) | 30.00 |
| 42 | | JTG 3362—2018 | 公路钢筋混凝土及预应力混凝土桥涵设计规范(14951) | 90.00 |
| 43 | | JTG 3363—2019 | 公路桥涵地基与基础设计规范(16223) | 90.00 |
| 44 | | JTG D64—2015 | 公路钢结构桥梁设计规范(12507) | 80.00 |
| 45 | | JTG D64-01—2015 | 公路钢混组合桥梁设计与施工规范(12682) | 45.00 |
| 46 | | JTG/T 3364-02—2019 | 公路钢桥面铺装设计与施工技术规范(15637) | 50.00 |
| 47 | | JTG/T D65-01—2007 | 公路斜拉桥设计细则(1125) | 28.00 |
| 48 | | JTG/T D65-04—2007 | 公路涵洞设计细则(06628) | 26.00 |
| 49 | | JTG/T D65-05—2015 | 公路悬索桥设计规范(12674) | 55.00 |
| 50 | | JTG/T D65-06—2015 | 公路钢管混凝土拱桥设计规范(12514) | 40.00 |
| 51 | | JTG 3370.1—2018 | 公路隧道设计规范 第一册 土建工程(14639) | 110.00 |
| 52 | | JTG/T D70—2010 | 公路隧道设计细则(08478) | 66.00 |
| 53 | | JTG D70/2—2014 | 公路隧道设计规范 第二册 交通工程与附属设施(11543) | 50.00 |
| 54 | | JTG/T D70/2-01—2014 | 公路隧道照明设计细则(11541) | 35.00 |
| 55 | | JTG/T D70/2-02—2014 | 公路隧道通风设计细则(11546) | 70.00 |
| 56 | 交通工程 | JTG D80—2006 | 高速公路交通工程及沿线设施设计通用规范(0998) | 25.00 |
| 57 | | JTG D81—2017 | 公路交通安全设施设计规范(14395) | 60.00 |

续上表

| 序号 | 类别 | | 编号 | 书名(书号) | 定价(元) |
|---|---|---|---|---|---|
| 58 | 设计 | 交通工程 | JTG/T D81—2017 | 公路交通安全设施设计细则(14396) | 90.00 |
| 59 | | | JTG D82—2009 | 公路交通标志和标线设置规范(07947) | 116.00 |
| 60 | | 综合 | 交办公路[2017]167号 | 国家公路网交通标志调整工作技术指南(14379) | 80.00 |
| 61 | | | 交公路发[2007]358号 | 公路工程基本建设项目设计文件编制办法(06746) | 26.00 |
| 62 | | | 交公路发[2015]69号 | 公路工程特殊结构桥梁项目设计文件编制办法(12455) | 30.00 |
| 63 | 检测 | | JTG E20—2011 | 公路工程沥青及沥青混合料试验规程(09468) | 106.00 |
| 64 | | | JTG E30—2005 | 公路工程水泥及水泥混凝土试验规程(13319) | 55.00 |
| 65 | | | JTG E40—2007 | 公路土工试验规程(06794) | 90.00 |
| 66 | | | JTG E41—2005 | 公路工程岩石试验规程(13351) | 30.00 |
| 67 | | | JTG E42—2005 | 公路工程集料试验规程(13353) | 50.00 |
| 68 | | | JTG E50—2006 | 公路工程土工合成材料试验规程(13398) | 40.00 |
| 69 | | | JTG E51—2009 | 公路工程无机结合料稳定材料试验规程(08046) | 60.00 |
| 70 | | | JTG 3450—2019 | 公路路基路面现场测试规程(15830) | 90.00 |
| 71 | | | JTG/T E61—2014 | 公路路面技术状况自动化检测规程(11830) | 25.00 |
| 72 | 施工 | 公路 | JTG/T 3610—2019 | 公路路基施工技术规范(15769) | 80.00 |
| 73 | | | JTG/T F20—2015 | 公路路面基层施工技术细则(12367) | 45.00 |
| 74 | | | JTG/T F30—2014 | 公路水泥混凝土路面施工技术细则(11244) | 60.00 |
| 75 | | | JTG/T F31—2014 | 公路水泥混凝土路面再生利用技术细则(11360) | 30.00 |
| 76 | | | JTG F40—2004 | 公路沥青路面施工技术规范(05328) | 50.00 |
| 77 | | | JTG/T 5521—2019 | 公路沥青路面再生技术规范(15839) | 60.00 |
| 78 | | 桥隧 | JTG/T F50—2011 | 公路桥涵施工技术规范(09224) | 110.00 |
| 79 | | | JTG/T 3650-02—2019 | 特大跨径公路桥梁施工测量规范(15634) | 80.00 |
| 80 | | | JTG/T F81-01—2004 | 公路工程基桩动测技术规程(14068) | 30.00 |
| 81 | | | JTG F60—2009 | 公路隧道施工技术规范(07992) | 55.00 |
| 82 | | | JTG/T F60—2009 | 公路隧道施工技术细则(07991) | 70.00 |
| 83 | | 交通 | JTG F71—2006 | 公路交通安全设施施工技术规范(13397) | 30.00 |
| 84 | | | JTG/T F72—2011 | 公路隧道交通工程与附属设施施工技术规范(09509) | 35.00 |
| 85 | 质检安全 | | JTG F80/1—2017 | 公路工程质量检验评定标准 第一册 土建工程(14472) | 90.00 |
| 86 | | | JTG F80/2—2004 | 公路工程质量检验评定标准 第二册 机电工程(05325) | 40.00 |
| 87 | | | JTG G10—2016 | 公路工程施工监理规范(13275) | 40.00 |
| 88 | | | JTG F90—2015 | 公路工程施工安全技术规范(12138) | 68.00 |
| 89 | 养护管理 | | JTG H10—2009 | 公路养护技术规范(08071) | 60.00 |
| 90 | | | JTJ 073.1—2001 | 公路水泥混凝土路面养护技术规范(13658) | 20.00 |
| 91 | | | JTG H11—2004 | 公路桥涵养护规范(05025) | 40.00 |
| 92 | | | JTG H12—2015 | 公路隧道养护技术规范(12062) | 60.00 |
| 93 | | | JTG 5142—2019 | 公路沥青路面养护技术规范(15612) | 60.00 |
| 94 | | | JTG/T 5190—2019 | 农村公路养护技术规范(15430) | 30.00 |
| 95 | | | JTG 5210—2018 | 公路技术状况评定标准(15202) | 40.00 |
| 96 | | | JTG 5421—2018 | 公路沥青路面养护设计规范(15201) | 40.00 |
| 97 | | | JTG/T H21—2011 | 公路桥梁技术状况评定标准(09324) | 46.00 |
| 98 | | | JTG H30—2015 | 公路养护安全作业规程(12234) | 90.00 |
| 99 | 加固设计与施工 | | JTG/T J21—2011 | 公路桥梁承载能力检测评定规程(09480) | 20.00 |
| 100 | | | JTG/T J21-01—2015 | 公路桥梁荷载试验规程(12751) | 40.00 |
| 101 | | | JTG/T J22—2008 | 公路桥梁加固设计规范(07380) | 52.00 |
| 102 | | | JTG/T J23—2008 | 公路桥梁加固施工技术规范(07378) | 40.00 |
| 103 | | | JTG/T 5440—2018 | 公路隧道加固技术规范 | 70.00 |
| 104 | 改扩建 | | JTG/T L11—2014 | 高速公路改扩建设计细则(11998) | 45.00 |
| 105 | | | JTG/T L80—2014 | 高速公路改扩建交通工程及沿线设施设计细则(11999) | 30.00 |
| 106 | 造价 | | JTG 3810—2017 | 公路工程建设项目造价文件管理导则(14473) | 50.00 |
| 107 | | | JTG 3820—2018 | 公路工程建设项目投资估算编制办法(14362) | 60.00 |
| 108 | | | JTG/T 3821—2018 | 公路工程估算指标(14363) | 120.00 |
| 109 | | | JTG 3830—2018 | 公路工程建设项目概算预算编制办法(14364) | 60.00 |
| 110 | | | JTG/T 3831—2018 | 公路工程概算定额(14365) | 270.00 |
| 111 | | | JTG/T 3832—2018 | 公路工程预算定额(14366) | 300.00 |
| 112 | | | JTG/T 3833—2018 | 公路工程机械台班费用定额(14367) | 50.00 |
| 113 | | | JTG/T M72-01—2017 | 公路隧道养护工程预算定额(14189) | 60.00 |

注:JTG——公路工程行业标准体系;JTG/T——公路工程行业推荐性标准体系。

批发业务电话:010-59757973;零售业务电话:010-85285659(北京);网上书店电话:010-59757908;业务咨询电话:010-85285922,85285930。